Unstimmigkeiten im Reich Gottes

Josef Imbach

Unstimmigkeiten im Reich Gottes

KURIOSES UND KRITISCHES AUS DEM LEBEN DER HEILIGEN

Verlag Friedrich Pustet
Regensburg

Bibliografische Information der Deutschen Nationalbibliothek
Die Deutsche Nationalbibliothek verzeichnet diese Publikation in der Deutschen Nationalbibliografie; detaillierte bibliografische Daten sind im Internet über https://dnb.dnb.de abrufbar.

Gutenbergstraße 8 | 93051 Regensburg
Tel. 0941/920220 | verlag@pustet.de

ISBN 978-3-7917-3445-3
Umschlaggestaltung: www.martinveicht.de
Satz: Vollnhals Fotosatz, Neustadt a. d. Donau
Druck und Bindung: Friedrich Pustet, Regensburg
Printed in Germany 2023

eISBN 978-3-7917-6249-4 (epub)

Inhalt

Statt eines Vorworts ein kurzer Hinweis

Es ist ein groß Ergetzen,
sich in den Geist der Zeiten zu versetzen.
J. W. Goethe, Faust I

Kein Heiliger verkörpert die ganze Heiligkeit. Vielmehr bringt jeder nur eine wesentliche Seite zum Leuchten, weil auch er nur einen Teil von Gottes Strahlen widerspiegelt.
Walter Nigg

Die geschnitzten Heiligen haben in der Welt mehr ausgerichtet als die lebendigen.
Georg Christoph Lichtenberg

Heilige gelten als Vorbilder, wobei allerdings längst nicht alle von ihnen nachahmenswert sind. Zumal manche durch ihr Verhalten zeigten, wie man sich *nicht* verhalten sollte. Was ihre Lehren betrifft, tun wir gut daran, sie nicht unbesehen zu übernehmen, sondern ein Wort des Paulus zu beherzigen: „Prüft alles und behaltet das Gute!" (1 Thess 5,21).

Was für Lebensbeschreibungen allgemein gilt, trifft auch für Hagiografien zu; hin und wieder handelt es sich um Mogelpackungen. Nicht überall wo Tugend draufsteht, ist diese auch drin. So etwa ist die Grenze zwischen Glaubenseifer und Fanatismus oft fließend. Einzelne von Heiligen geübte Praktiken erweisen sich bei näherem Hinsehen als dubios, mitunter gar als schädlich. Was man ihnen nachsagte oder andichtete, erweist sich nicht selten eher als skurril denn als erhebend.

Mehrere ‚Heilige', die sich zeitweise großer Verehrung erfreuten, haben nie existiert. Andere wiederum verdanken ihren Aufenthalt im Heiligenhimmel weniger ihrer Lebensweise als vielmehr der Legende, die für ihre Geschwätzigkeit bekannt und allemal bereit ist, Unerfreuliches zu beschönigen und zu verklären.

Prüft alles und behaltet das Gute!

WARUM DAS GEGENTEIL VON GUT NICHT BÖSE IST

DASS ES AUCH ZWISCHEN HEILIGEN zuweilen zu Unstimmigkeiten kommen kann, ist schon im Neuen Testament belegt. Denken wir bloß an Petrus und Paulus, die beiden Säulen der Kirche! Der eine war ein Hitzkopf, der andere ein Eiferer. Das konnte nicht gut gehen; prompt gerieten sie aneinander. Dabei standen doch bloß Tischmanieren zur Debatte. Bekanntlich hatte Petrus keinerlei Hemmungen, in Antiochien zusammen mit den Heidenchristen zu tafeln, was eine Übertretung der jüdischen Speisegesetze beinhaltete. Später jedoch, als einige aus dem Judentum zugewanderte Christenmenschen auftauchen, die sich weiterhin mit koscherer Kost begnügten, geht Petrus zu seinen bisherigen Tischgenossen auf Distanz, damit die Neuangekommenen von seinen veränderten Essgewohnheiten nichts mitbekommen sollten. Dieses Verhalten kann ein Paulus partout nicht billigen, weshalb er Petrus glattweg als Heuchler apostrophiert (Gal 2,11–13).

Gut drei Jahrhunderte später bereitet diese Kontroverse einem Augustinus und einem Hieronymus nicht nur einiges Kopfzerbrechen, sondern auch ein paar schlaflose Nächte. Ist es überhaupt denkbar, dass die zwei Ur- und Erzheiligen Petrus und Paulus so unfreundlich miteinander umgegangen sein sollen? Dass Heilige sich gelegentlich die Haare raufen, mag ja noch angehen. Aber dass sie einander in die Haare geraten? Andererseits aber haben Lukas (in der Apostelgeschichte) und

Paulus (im Galaterbrief) ebendiesen verwirrenden Tatbestand mit schwarzer Tinte auf blassgelbem Pergament festgehalten – und diese Äußerungen haben unbestritten höhere Qualität, weil sie in den heiligen vom Geist Gottes inspirierten Schriften stehen. Das steht für Hieronymus und für Augustinus außer Zweifel. Zweifelsfrei aber steht für die beiden auch fest, dass Petrus und Paulus, diese beiden Stützpfeiler der Kirche, sich nicht wie zwei verkrachte Erben überworfen haben konnten.

Diese Möglichkeit war für die beiden Kirchenväter absolut undenkbar. Das geht aus ihrem in dieser Sache geführten Briefwechsel hervor. Schließlich kamen sie überein, dass es sich nicht um eine wirkliche, sondern bloß um eine fingierte Auseinandersetzung gehandelt haben könne, gewissermaßen um eine didaktische Übung oder um eine dialektische Lektion, um den die Frage der Beschneidung diskutierenden Christenleuten den Willen Gottes vor- und sie selber zur Einsicht hinzuführen. Nach Ansicht der beiden Kirchenmänner haben Petrus und Paulus mit ihrer künstlich inszenierten Auseinandersetzung so etwas wie ein pädagogisches Gesellen- oder Meisterstück geliefert.

Meinungsunterschiede gab es unter anderem auch zwischen Franz von Assisi und Antonius von Padua. Ersterer verbot seinen Gefährten den Besitz von Büchern (die damals sehr kostbar waren), während der Paduaner (der allerdings aus Lissabon stammte) viel auf Gelehrsamkeit hielt. Später allerdings ließ sich Franziskus doch noch davon überzeugen, dass geschulte Prediger oft mehr auszurichten vermögen als seelengute Einfaltspinsel.

Manche Diener Gottes, wie Bernhard von Clairvaux oder Ignatius von Loyola, konnten sich schon deshalb nicht in die Haare geraten, weil sie entweder eine Tonsur trugen oder mit einer Glatze glänzten.

Als etwa Zehnjähriger las ich häufig in einer Heiligenlegende, dem einzigen Buch, das unsere Familie besaß und das derzeit in meinem Bücherregal noch immer ein Gnadendasein fristet: *Leben der Heiligen Gottes nach den besten Quellen bearbeitet von P. Otto Bitschnau* (Verlag Benziger & Co, Einsiedeln/Waldshut/Köln 1880, 998 Seiten; 6,11 Kilogramm). Dabei brachte ich in Erfahrung, dass manche Wüstenheilige der ersten Jahrhunderte sich angeblich ihr Lebtag nicht wuschen, um Gott zu gefallen. Worauf der damals nach Vollkommenheit strebende Junge spontan beschloss, sie sich zum Vorbild zu nehmen. Die diesbezüglichen Versuche wurden von den Eltern mehr oder weniger erfolgreich abgeblockt, glücklicherweise, wie ich inzwischen sagen muss.

Wie wohlgefällig die ägyptischen Wüstenväter und Wüstenmütter mit ihren unsauberen Tugenden ihren Mitmenschen waren, steht auf einem anderen Blatt. Wir tun also gut daran, nicht alles, was die Heiligen lebten und lehrten, unbesehen zu übernehmen.

Nicht wenige Einsiedler, die unter der prallen Wüstensonne schmorten, sind inzwischen vom Halbdunkel der Geschichte umhüllt. Weshalb wir uns jetzt notgedrungen einem Eremiten aus der frühen Neuzeit zuwenden, der historisch besser greifbar ist.

Die Rede ist von Julián de San Agustín (um 1553–1606), einem Seligen aus Kastilien, der sich im Alter von 18 Jahren in die Einöde begibt, um sich abzutöten. Was im Wortsinn zu verstehen ist. Wenig später nimmt er das Ordenskleid des heiligen Franz. Zweimal wird er wegen seiner religiösen Überspanntheit aus dem Orden entlassen, schließlich aber doch wieder aufgenommen. Fortan schleicht er mit Ketten an den Füßen durch die Gegend, zerschlägt sich mit Steinen die Brust, trägt während eines Vierteljahrhunderts einen schweren eisernen Bußgürtel auf der nackten Haut, legt sich beim Gebet Dornen unter die Knie, mischt sich Asche in den scheußlichen Brotbrei, mit dem er sich ernährt, und stirbt schließlich an einem seiner häufigen Schwächeanfälle, nachdem er sich zu wiederholten Malen medizinischen Untersuchungen unterzog, sodass fünf Ärzte unter

Eid aussagen konnten, dass seine Bußwerke nach menschlichem Ermessen schon längst hätten zum Tod führen müssen.

Derlei Kasteiungen, wie sie auch von vielen anderen Heiligen berichtet werden, sind bestimmt nicht weniger gesundheitsschädigend als das Rauchen. Ein Fachmann unserer Zeit spricht im Hinblick auf solche masochistischen Praktiken von einem „Fall für die Psychiatrie".[1] Damit wäre eigentlich alles gesagt – wenn es nicht immer wieder vorgekommen wäre, dass man psychisch krankhaftes Verhalten von Heiligen den Gläubigen als Vorbild hingestellt und diese so ihrerseits krank gemacht hätte.

Allerdings soll nicht verschwiegen werden, dass ein falsches Heiligkeitsideal, das nicht in der Jesusnachfolge, sondern in einer massiven Leibfeindlichkeit wurzelt, sich auch wandeln konnte. So zeigte sich ein Ignatius von Loyola (1491–1556) seinem eigenen Zeugnis zufolge von der leibverachtenden Askese der alten Väter derart beeindruckt, dass er sich nach seiner Bekehrung zunächst in grobes Sackleinen kleidete, und da er zuvor „entsprechend der Gepflogenheit jener Zeit sehr auf die Pflege des Haares bedacht war und er noch immer eine schöne Frisur hatte, beschloss er nun, es einfach wachsen zu lassen, wie es wolle, ohne es zu kämmen oder zu schneiden oder irgendwie während der Nacht oder bei Tag zu bedecken. Auch seine Nägel, für deren Pflege er früher besondere Sorgfalt aufgewandt hatte, ließ er wachsen."[2] Eines Tages jedoch, während einer Vision, „wurde sein Verstand plötzlich über sich selbst erhoben". Da „gab er jene früher geübten Strengheiten auf, seitdem er Gottes reichen Trost einmal spürte und die Frucht sah, die er im Verkehr mit Menschen in deren Seelen erreichte. Er schnitt sich wieder die Nägel und die Haare." Künftig praktizierte Ignatius keine selbstzerstörerische Askese mehr, sondern betrachtete den Dienst an den Mitmenschen als die geeignetere Form der Abtötung.

Was aber, wenn Ignatius keine Einsicht gezeigt hätte? Hätte man ihn trotzdem (wie manch andere fehlgeleitete Heilige auch) zur Ehre der Altäre erhoben? Die Antwort kann nur in einer Gegenfrage bestehen: Warum nicht? Es verhält sich ja nicht so, dass nur psychisch ausgeglichene Menschen heilig werden können. Allerdings sollte man sich davor hüten, jede Marotte zu einer Tugend hochzustilisieren, bloß weil sie von einem oder einer Heiligen praktiziert wurde.

Nicht nur bezüglich der Lebens*führung* der Heiligen, sondern auch hinsichtlich mancher von ihnen verbreiteter Lebens*regeln* ist eine gewisse Vorsicht geboten, bevor man sie mit dem Prädikat *vorbildlich* versieht.

Die Tatsache etwa, dass sich in den Schriften des heiligen Johannes Chrysostomos (349 oder 344–407) eine ganze Menge antisemitischer Äußerungen findet, ermächtigt die Christgläubigen in keiner Weise, die Juden anzufeinden und sich dabei auf den Kirchenlehrer als Autorität zu berufen. Offenbar hatte der heilige Bischof völlig vergessen, welchem Volk Jesus entstammte, als er in seiner Kirche in Konstantinopel in acht Predigten gegen die Juden hetzte. Die Synagoge, behauptet er, sei ein Ort der Gesetzwidrigkeit und ein Bollwerk des Teufels; ihre Anhänger bezeichnet er als Schwelger und Schlemmer und habgierige Geldmenschen, die, weil untauglich zur Arbeit, nur mehr zur Schlachtung (!) geeignet seien …[3] Mag der Eifer dieses Bischofs und Kirchenvaters auch vorbildlich sein, so darf man darüber doch nicht übersehen, dass seine Haltung gegenüber den Juden verabscheuenswert ist.

Dass man gut daran tut, die Unterweisungen der Heiligen kritisch zu betrachten, zeigt auch das Beispiel des Kirchenlehrers Hieronymus (347–420). Leider glaubte dieser große Theologe und Bibelübersetzer, sich auch als Pädagoge hervortun zu müssen. Aufschlussreich in dieser Hinsicht ist sein ausführlicher Brief an eine römische Dame namens Læta, die ihn anfragt, wie ein Mädchen zu erziehen sei, das die Eltern (!) für den Stand der Jungfrauen vorausbestimmt haben. Die Antwort fällt klipp und klar aus. Schon die Art, das Kind zu kleiden, muss daran erinnern, dass es Jesus versprochen ist. Nicht nur Mode, auch

Musik ist verpönt, der Umgang mit Altersgenossinnen verboten. Vorbild ist Maria, die der Verkündigungsengel bekanntlich ganz allein in ihrem Kämmerlein angetroffen hat. Allein soll das Kind seine Mahlzeiten einnehmen. Während manche Seelenführer einem heranwachsenden Mädchen das Baden bloß in Gegenwart anderer Frauen verbieten, gibt sich Hieronymus in diesem Punkt kategorisch: „Ich persönlich missbillige jede Art von Bad, weil eine Jungfrau so viel Schamgefühl haben müsste, dass sie den Anblick der eigenen Nacktheit nicht erträgt." Als Gesellschafterin für ein solches Mädchen ist nicht die erstbeste fröhliche Dienstbotin geeignet, sondern nur eine ernsthafte Person von hässlichem Äußeren, „mit einem Schatten von Traurigkeit im Gesicht".[4]

Das ist nun wahrlich dicke Post, nicht nur deshalb, weil es sich um einen sehr umfangreichen Brief handelt. Mag sein, dass hinter diesen sonderbaren Vorstellungen eine gute Absicht steckt. Aber auch nach damaligen Maßstäben muss man eine derartige Erziehungsmethode als sträflich bezeichnen.

Damit dürfte deutlich geworden sein, dass die Lebensweisen und die Lebensregeln mancher Heiliger weder mustergültig noch nachahmenswert sind.

Und dass das Gegenteil von gut nicht schlecht ist, sondern gut gemeint.

Serienangefertigte Heiligenscheine

WIE MARTIN ZUR GANS UND EIN BETTLER ZU EINEM HALBEN MANTEL KAM

Spätestens gegen Ende Oktober, wenn Rilke wieder einmal recht behält („Wer jetzt kein Haus hat, baut sich keines mehr. / Wer jetzt allein ist, wird es lange bleiben, / wird wachen, lesen, lange Briefe schreiben …") und der Herbst schon fortgeschritten ist und an die bald einmal fällige Martinsgans erinnert, läuft selbst militanten Atheisten und eingefleischten Agnostikerinnen das Wasser im Mund zusammen. Der Gänsebraten kommt zusammen mit dem noch jungen, kaum vergorenen Wein aber erst am 11. November auf den Tisch, zu Sankt Martini, wie aufrechte Christenmenschen zu sagen pflegen.

Einer Legende zufolge soll Martin einst dem norwegischen König Olav I. Tryggvason († 1000) im Traum erschienen sein und ihn aufgefordert haben, anstelle des heidnischen Gottes Odin ihn, Martin, durch Trankopfer zu ehren. Auf diese Weise erhielt ein kollektives Besäufnis, wenn es sich denn schon nicht verhindern ließ, zumindest einen christlichen Anstrich. Im österreichischen Burgenland verbreitet war der Brauch des *Martinilobens,* der darin bestand, am 11. November jungen Wein auszuschenken. In Köln sprach man in diesem Zusammenhang von der *Martinsminne.* Ausgelassene Trinkgelage am Martinsfest in weiten Teilen Europas sind schon früh dokumentiert. Bereits im 6. Jahrhundert sah sich eine im französischen Auxerre abgehaltene Synode gezwungen, die feuchtfröhlichen Exzesse der Martinijünger zu verbieten, allerdings mit mäßigem Erfolg. Aus mährischen Dörfern ist bekannt, dass noch im ausgehenden 19. Jahrhundert der neue Wein nach demjenigen benannt wurde, der am Martinitag den größten Rausch davongetragen hatte. Der hieß dann je nach Namensträger Sepplwein oder Franzlwein oder Gustlwein ...

In den Dörfern, an denen am Martinsabend zu Ehren des heiligen Bischofs der Laternenumzug stattfindet (ein Brauch, der sich in vielen Gegenden erhalten hat), gehen sogar jene auf die Straße, die mit der Kirche nichts am Hut haben.

Über den Ursprung dieser Veranstaltungen gibt ein handgeschriebenes aus dem 11. Jahrhundert stammendes *Missale* aus dem Kloster von Monte Cassino Aufschluss. Für die Eucharistiefeier am Martinstag war damals ein Evangelientext vorgesehen, in dem es unter anderem heißt: „Eure Hüften sollen gegürtet sein und eure Lampen brennen" (Lk 12,35). Vom Licht war auch in dem im Auftrag des Konzils von Trient erneuerten *Römischen Brevier* von 1568 in einer der Lesungen zum Martinsfest die Rede: „Dies ist die Lampe, die angezündet wird, die Tugend unseres Geistes und Sinnes ..."

Heute weiß kaum jemand mehr, dass die Vorweihnachtszeit vorzeiten nicht mit dem ersten Adventssonntag, sondern bereits unmittelbar nach dem Martinstag begann. Dies wiederum hängt mit dem ursprünglichen Datum des Weihnachtsfestes zusammen, das anfänglich am 6. Januar, also an Epiphanie (‚Erscheinung des Herrn'; später auch ‚Dreikönigstag' genannt), gefeiert wurde. Auf Weihnachten bereitete man sich mit einem vierzigtägigen Fasten vor, welches an die Zeit erinnern sollte, die Jesus vor seinem öffentlichen Auftreten in der Wüste zubrachte. Die vierzig Tage zählte man unter Auslassung der Sonnabende und der Sonntage von Epiphanie aus zurück und gelangte so zum 12. November, dem Tag nach Sankt Martini. Als man in Rom im 3. Jahrhundert die Feier des Weihnachtsfestes auf den 25. Dezember vorverlegte, verkürzte sich die lange Bußzeit ganz von selbst. Offiziell wurde die neue Fastenordnung von einer im Jahr 581 in Mâcon abgehaltenen Kirchenversammlung bestätigt – und gleichzeitig gemildert: „Vom Tag des heiligen Martin an bis Weihnachten muss [nur] am Montag, Mittwoch und Freitag gefastet werden." Schon damals empfanden viele diese Vorschrift als hart. Inzwischen ist sie längst nicht mehr in Kraft. Das gilt auch für manche andere mit dem 11. November verbundene Gepflogenheiten. Während der vorweihnachtlichen Fastenzeit waren im Mittelalter nicht nur lärmige Festivitäten, sondern auch sämtliche Rechtsgeschäfte untersagt. Dieses Verbot wiederum bewirkte indirekt, dass ‚Martini' zu einem wichtigen Zinstermin wurde und dass an diesem Tag der Gesindewechsel stattfand. Die Handwerker und Händler veranstalteten bei dieser Gelegenheit den letzten großen Jahrmarkt. Dass es dabei oft recht weinfeucht zuging, lag in der Natur der Sache. Tatsächlich fällt der Martinstag in etwa mit dem Zeitpunkt zusammen, an dem der Traubensaft die Gärung erreicht. Gleichzeitig mussten die auf den Bauernhöfen gemästeten Gänse wegen des anstehenden Futtermangels geschlachtet werden. Damit ist auch das Geheimnis gelüftet, wie der heilige Martin zur Gans und die Weinbauern zu ihrem Patron kamen.

Das Gansessen am Gedenktag des Heiligen, das vielerorts noch heute zum festen Repertoire gehört, beflügelte auch die Fabulierfreude fantasievoller Prediger, die die Mär in die Welt setzten, dass sich der schüchterne Martin nach seiner Wahl zum Bischof in einem Gänsestall versteckte, um das Amt nicht annehmen zu müssen, und dann vom Schnattern der aufgeregten Tiere verraten wurde …

Dass das Gansessen am Martinstag immer schon ein bisschen ausgelassen begangen wurde, dokumentieren einige in einer Handschrift aus der Zeit um 1400 überlieferte Liedverse, die man vermutlich zum Auftakt des Gelages anstimmte:

> Martin, lieber Herre, nun lass uns fröhlich sein,
> heut zu deinen Ehren und durch den Willen dein.
> Die Gäns' sollst du uns mehren, und auch den kühlen Wein;
> gesotten und gebraten, sie müssen all herein!

Herein kamen sie nicht nur in die Mäuler und Mägen, sondern bisweilen sogar in die Predigten. Von einem gewissen Melchior de Fabris ist überliefert, dass er gegen Ende des 16. Jahrhunderts eine Martinspredigt hielt, deren Titel uns heute mehr erheitert als erbaut.

> Von der Martins Gans. Ein schöne nützliche Predig / darinnen zuo sehen ein feyne außlegung deß H. Evangelij: Unnd ein hailsame anmanung / wie und was gestalt wir S. Martins Gans essen / und unser leben in ein andern gang richten sollen. / Gedruckt im Closter zuo Thierhaupten 1595.

Kann man es dem Prediger verübeln, wenn er in seiner Betrachtung den Blick der Gläubigen auf das Evangelium lenkt, ohne dabei die Gans aus dem Auge zu verlieren?

Im Zusammenhang mit dem zu Martini verzehrten Gänsebraten sind im Lauf der Zeit allerlei Spiele entstanden, so etwa das sogenannte Gansscheibenschießen, bei dem der Sieger eine ‚Martinsgans' gewann. Eine besondere Volksbelustigung bildet das Gansreißen (in der Schweiz spricht man von der ‚Gansabhauet') mancherorts noch heute. In dem am schweizerischen Sempachersee gelegenen Städtchen Sursee spannt man dazu einen Draht über den Rathausplatz, an dem eine abgestochene Gans hängt. Ein mit Maske und stumpfem Säbel ausstaffierter Kandidat (mittlerweile sind auch Frauen willkommen) muss Kopf und Rumpf der Gans mit einem einzigen Hieb trennen. Wer's schafft, kriegt die Beute.

Der um 316 geborene Martinus wuchs als Sohn eines römischen Militärtribuns in Pannonien im heutigen Ungarn auf. Die Jugend verbrachte er in Pavia, der Heimat seines Vaters, wo er erstmals mit dem Christentum in Berührung kam. Im Alter von zehn Jahren wurde er in die Gruppe der Taufbewerber aufgenommen. Als Sohn eines römischen Offiziers war er zum Militärdienst verpflichtet. Mit 15 Jahren gehörte er zur Leibwache Kaiser Konstantins II., der in Mailand residierte. Ab 334 war Martin als Soldat der Reiterei im gallischen Amiens stationiert.

Irgendwann begegnete er an einem kalten Wintertag einem frierenden Bettler. Spontan teilte er seinen Mantel mit dem Schwert und gab die eine Hälfte dem Unglücklichen. 351 empfing er als 35-Jähriger die Taufe. Ein Jahrfünft danach, nachdem er sich vom Krieger zum Pazifisten gemausert hatte, wurde er aus dem Heerdienst entlassen und zog sich als Einsiedler auf die Insel Gallinara bei Genua zurück. Wieder in Gallien, errichtete er 361 in Ligugé das erste Kloster des Abendlandes. Zehn Jahre danach, als der Bischofssitz von Tours vakant wurde, wollte ihn das Volk gegen den Widerstand des Klerus zum Bischof haben. Statt in der Stadt zu residieren, wählte er als Wohnsitz eine Holzhütte vor der Stadtmauer.

Am 8. November 397 verstarb der als Mönchsvater und Missionar hochverehrte Martin im Alter von 81 Jahren. Am 11. November wurde er in Tours unter großer Anteilnahme der Bevölkerung zu Grabe getragen.

Was wir über Martin wissen, verdanken wir zum größten Teil seinem Freund und Biografen Sulpicius Severus. Dessen *Vita Martini* jedoch unterscheidet sich nur wenig von anderen Heiligendarstellungen, mittels derer man in der Antike den Gläubigen die Heiligen schmackhaft zu machen versuchte. Viele dieser Viten, die von der Spätantike bis hinauf ins hohe Mittelalter verfasst wurden, gleichen einander fast wie eineiige Zwillinge. Die Menschen, die uns daraus entgegentreten, tragen allesamt ähnliche Züge. Die meisten von ihnen haben nichts zu lachen; das würde ihrem Ansehen schaden. Das Essen ist ihnen eine Last, Schlaf gilt als Zeitverschwendung. Wenn sie nicht gerade predigen oder ein Wunder wirken, nutzen sie ihre Zeit zum Psalmodieren und Meditieren.

Die *Vita Martini* des Sulpicius Severus kann geradezu als Paradebeispiel für diese Art von Erzählungen gelten. Belobigung und Bewunderung halten sich die Waage.

> O wahrhaft seliger Mann, an dem kein Falsch war! Keinen hat er gerichtet, keinen verurteilt, keinem Böses mit Bösem vergolten!

> Ja eine solche Geduld hatte er angesichts aller ihm zugefügten Ungerechtigkeiten, dass er sich auch von den untersten Klerikern ohne Wehr beleidigen ließ. Niemand sah ihn jemals zornig, niemand aufgeregt, niemand traurig, niemand lachend; immer blieb er gleich. Himmlische Freude trug er auf seinem Gesicht; er erschien als einer außerhalb der Natur des Menschen. Niemals war in seinem Munde etwas anderes als Christus, in seinem Herzen nichts anderes als Frömmigkeit, Frieden, Barmherzigkeit.[5]

Vor allem eines können wir hier herauslesen, nämlich dass der Verfasser sorgfältig darauf bedacht war, seine Leserschaft am Lesen zwischen den Zeilen zu hindern. Ihm ging es nicht um Berichterstattung, sondern einzig und allein um Erbauung.

Tatsächlich bleibt der Bischof von Tours in dieser Schilderung völlig profillos. Mit den Worten des Biografen: Er ist „außerhalb der Natur des Menschen" – eben nicht von dieser Welt. Die Darstellung ist frisiert, die Gestalt stilisiert, die Persönlichkeit idealisiert. Es handelt sich um einen typischen beziehungsweise um einen stereotypen Text, der wie ein serienmäßig fabrizierter Heiligenschein zu Aberhunderten anderen Christenmenschen passen würde, die im liturgischen Kalender ihren Platz behaupten.

Da fragt man sich spontan: Was hat der heilige Martin in seinem Herzen verspürt, als die Neidhammel unter den Klerikern ihn angifteten? Wie hat er sich verhalten, wenn ihm ein flennender Junge über den Weg lief? Was hat er beim Anblick einer schönen Frau empfunden, vor allem wenn diese ihm auch noch sympathisch erschien?

Ein lebensnaheres Profil bekommt die Gestalt dieses Heiligen, sobald wir ihn in Verbindung bringen mit den liturgischen Texten, die uns die Kirche zum Martinsfest mit auf den Weg gibt, nämlich einen Abschnitt aus dem Buch Jesaja und einen Passus aus dem Matthäusevangelium. Das Jesajabuch verweist darauf, dass Gott von den Menschen erwartet, „die zu heilen, die gebrochenen Herzens sind" (Jes 61,1). Der Evangelientext

Martin teilt seinen Mantel mit dem Bettler. Basler Münster. Im Zug des reformatorischen Bildersturms wurde der Bettler weggemeißelt, sodass Martin nicht mehr als Heiliger, sondern als gewöhnlicher Ritter erscheint.

hingegen ruft in Erinnerung, wo wir Jesus heute begegnen, vor allem in den Armen, den Hungernden, den Notleidenden, kurzum in all jenen, die auf unsere Hilfe angewiesen sind (vgl. Mt 25,31–40).

Und Martin? Er zeigt uns, was das konkret bedeutet, indem er den halben Mantel an einen Bettler verschenkt.

Warum nur die eine Hälfte? Weil die andere offiziell Eigentum des römischen Kaisers war, der den Offizieren die halbe Ausrüstung zur Verfügung stellte. Den Rest mussten sie selbst berappen. Martin hat demnach *alles* verschenkt, was ihm persönlich gehörte.

Die andere Mantelhälfte, die *cappa,* wie Fachleute sagen, galt lange als wunderwirksame Reliquie. Die wurde, bevor sie irgendwann zwischen dem Schlachtengetümmel des Mittelalters, den theologischen Scharmützeln um Martins Namensvetter Luther oder den Religionskriegen des 16. Jahrhunderts verloren ging, in einer eigens dafür gebauten *capella* aufbewahrt, zu deren Betreuung man einen *capellanus* bestellte. Wenn der heilige Martin seinen wärmenden Überwurf nicht zweigeteilt hätte, gäbe es heute weder Kapellen noch Kapläne.

Ein trauriges Schicksal ereilte den erlauchten Heiligen zusammen mit vielen anderen mit einer Aureole geadelten Gestalten, als die Stadt Basel sich 1529 zur Reformation bekannte. Im Zug des damaligen Bildersturms wussten die Neugläubigen nichts Besseres, als die am rechten Münsterturm angebrachte Reiterstatue zu verstümmeln. Den Bettler zu seinen Füßen haben sie kurzerhand weggemeißelt, wodurch der Heilige zum kommunen Ritter degradiert wurde.

Heiterkeit und Heiligkeit

WORÜBER GRIESGRÄMIGE CHRISTENMENSCHEN NACHDENKEN SOLLTEN

Zwei Heilige vor allem machten im Rom des 16. Jahrhunderts immer wieder von sich reden, nämlich der Kapuzinerbruder und Almosenbettler Felice da Cantalice und der Stadtstreicher und Mystiker Filippo Neri. Beider Licht hat die Welt im selben Jahr erblickt, Anno Domini 1515. Außer dem gemeinsamen Geburtsjahr verbanden die beiden mindestens drei Dinge: erstens die gemeinsame Liebe zur Ewigen Stadt, zweitens eine permanente Fröhlichkeit und drittens eine innige Freundschaft. Darüber hinaus standen beide im Ruf der Heiligkeit. Diese Tatsache machte ihnen dermaßen zu schaffen, dass sie, beide schon über siebzig, beschlossen, etwas dagegen zu tun.

Den etwas penetranten Geruch der Heiligkeit vertreibt man am besten mit einem starken Weinatem. Also haben die beiden Gottesdiener eines Tages einen prallvollen Schlauch Wein geleert, sind Hand in Hand oder Arm in Arm durch die Ewige Stadt gezogen (getorkelt?), Lieder singend, Unfug treibend, Witze reißend, den Tagedieben zur Unterhaltung und den Frommen zum Skandal, fest davon überzeugt, dass von jetzt an niemand mehr auf den Gedanken verfalle, sie als Heilige zu verehren.

Viel hat ihnen ihre Zecherei nicht genützt. Möglicherweise musste Felice deswegen ein bisschen länger auf seine Heiligsprechung warten; er starb 1587 und wurde erst 125 Jahre später,

1712, kanonisiert. Beim fidelen Filippo hingegen, dem man es einfach nicht abnahm, dass ein Witz ernst gemeint sein könnte, lief alles viel schneller; er starb am 26. Mai 1595, und schon nach 27 Jahren minus zwölf Tagen, also am 14. Mai 1622, wurde ihm sein fester Platz im Heiligenkalender zugewiesen, und zwar, wie in solchen Fällen üblich, ganz gegen seinen Willen.

Wenn heutzutage einem Papst einmal ein Scherz gelingt, ist das dem *Corriere della Sera* eine Schlagzeile wert, in *Newsweek* und *Le Monde* erscheint dazu ein Kommentar, während *Der Spiegel* und *Focus* diesem Ereignis immerhin ein Kästchen widmen. Zu Zeiten Johannes' XXIII. war es noch selbstverständlich, dass Päpste nicht nur Witze machen, sondern auch lachen konnten – nicht zuletzt über sich selbst. Ihrer Glaubwürdigkeit hat das keinen Abbruch getan, im Gegenteil.

Das trifft auch für Philipp Neri zu, der im Gegensatz zu vielen seiner Zeitgenossen fest davon überzeugt war, dass ein Tapetenwechsel schon deshalb überfällig sei, weil man den Teufel lange genug an die Wand gemalt hatte.

Im Alter von 15 Jahren wird Filippo von seinem Vater (von Beruf Notar, aus Neigung Alchemist) von Florenz nach San Germano am Fuß des Monte Cassino zu einem Onkel geschickt; er soll dort den trickreichen Beruf eines Kaufmanns erlernen. Aber statt im Geschäft mitzuarbeiten, drückt der Junge sich meistens in der nahen Benediktinerabtei herum. Drei Jahre später zieht es ihn nach Rom, wo er beim Leiter des florentinischen Zollamtes als Erzieher ein karges Einkommen findet. In seiner freien Zeit pflegt er Kranke, hört sich ein paar theologische Vorlesungen an, verkauft aber schon bald seine Bücher, verschenkt das Geld an die Armen und lungert auf den Straßen herum, wo er die Gassenjungen unterhält, kleine Ladenbesitzer in schwierige Gespräche verwickelt und den Leuten auf dem Markt derb-fröhliche Geschichten erzählt. Dann wieder treibt es ihn hinaus, vor die Stadttore, wo er in den Katakomben und in den Vorhallen von Kirchen nächtigt. Mit dem gebührenden Respekt sei es vermerkt: Philipp wird immer mehr zum Stadtstreicher, der sich von den übrigen Pennern nur darin unterscheidet, dass er fromm ist, und dies sozusagen von Natur. Allerdings hat seine Frömmigkeit nichts gemein mit der Beterei jener zahllosen Wirrköpfe und Spinner, die dauernd frommes Zeug daherbrabbeln, in der Meinung, sie würden dann Visionen erleben oder in Verzückung geraten. Bei Philipp ist das ganz anders. Er wartet nicht auf Ekstasen; er hat einfach welche. Das ist ihm furchtbar peinlich. Aber leider lässt es sich nicht ändern. Und natürlich – Glaubenserfahrungen und religiöse Überzeugungen haben es nun einmal in sich – gerät er immer mehr ins Schwärmen. Auf seinen Streifzügen durch die Stadt ermahnt er alle, die Taugenichtse und Tunichtgute und Nichtsnutze, ob die ihn nun hören wollen oder nicht, doch ja nur immer Gutes zu tun. Und weil er das so freundlich sagt und weder mit hundert Dämonen noch mit der ewigen Verdammnis droht und dazu auch noch lacht, lacht man ihn aus. Was tut man in einem solchen Fall? Man lacht mit. Und hat plötzlich die Lacher auf seiner Seite.

So was spricht sich schneller herum als ein Seitensprung des Stadtpräfekten. Wo immer Philipp auftaucht, drängt man ihn zu predigen, auf Plätzen, auf dem Markt, selbst auf den Straßen. Wenn Philipp dort in Fahrt gerät, kommt der Verkehr ins Stocken.

Obwohl er noch immer ein ganz gewöhnlicher Vagabund und Gammler ist, wird er längst nicht mehr als solcher betrachtet. Denn nach allgemeiner Überzeugung geht von ihm jener seltene Geruch aus, von dem bereits die Rede war.

Im Übrigen veranstaltet Philipp auch Happenings. Predigt auf öffentlichen Plätzen mit einem nur zur Hälfte rasierten Bart. Zieht im Kardinalsornat durch die Straßen, um den Prälaten eins auszuwischen. Setzt Frauen, die vor ihm niederknien, seine Brille auf die Nase: „Damit ihr mich besser sehen könnt." Bestellt den Barbier in die Kirche und lässt sich die Haare scheren.

Sein Beichtvater macht sich Sorgen. Den kuriosen Filippo aus dem Verkehr zu ziehen, dazu ist es zu spät. Der gehört inzwischen genauso zum Stadtbild wie das Kolosseum und der Ponte Rotto.

Also verfällt Philipps Beichtvater auf die (wie er meint) glänzende Idee, dass man dieses Naturtalent von einem Narren und Gaukler am ehesten dadurch herumkriegen könne, indem man es zum Priester weiht. Der 36-Jährige willigt ein. Höhere Ausbildung ist nicht vonnöten; dass Philipp predigen kann, weiß jeder Pflasterstein in Rom. Entgegen den Erwartungen seines Beichtvaters aber hat die Priesterweihe, die Filippo im Jahr 1551 empfängt, keinerlei hemmende Auswirkungen auf sein loses Mundwerk. Aber sie bringt es mit sich, dass er jetzt einen festen Wohnsitz nehmen muss.

Das wiederum hat sein Gutes. Das bescheidene Zimmer, das er anmietet, wird schnell zu einem religiösen Mittelpunkt. Nur ein paar Leute finden darin Platz, die übrigen versperren die Treppe. Man trifft sich, man diskutiert, man predigt, man singt – und: kein Treffen ohne fröhliches Gelächter. Was dieses Letztere betrifft, benötigt der Gastgeber keine Nachhilfestunden von seinem Beichtvater.

Auch als Priester kann Philipp seine Natur nicht verleugnen. Nach wie vor geschieht es, dass er auf der Straße anfängt zu tanzen und deswegen als alter Narr verspottet wird. Und mehr als einmal spielt er in der Sakristei mit Hunden und Katzen, bevor er die Messe feiert. Die kann dann allerdings stundenlang dauern, besonders wenn er dabei in eine seiner plötzlichen Ekstasen verfällt.

Längst ist der heitere Filippo viel populärer als der Papst, den er übrigens in seinen Witzen nicht ausspart. Der maßregelt ihn zwar manchmal ein bisschen. Verbietet ihm, die Beichte zu hören. Verbietet seine heiteren Wallfahrten zu den sieben Kirchen Roms, die mit Picknick und Spielen verbunden sind. Verbietet alles, was einem Paul IV. gerade verbietenswert erscheint. Seine Nachfolger Pius IV. und Pius V. halten sich etwas zurück. Die drei folgenden Päpste lassen ihn gewähren; sie haben andere Sorgen, nachzulesen in jeder Kirchengeschichte. Gregor XIV. lächelt selig, wenn von Philipp die Rede ist. Innozenz IX. lacht laut und herzlich, natürlich nur in vertrauter Runde. Und

Clemens VIII. leidet an Gicht. 1595, der Papst hat gerade wieder einmal einen schrecklichen Anfall, ruft man Philipp Neri an sein Krankenlager. Der hält dem Papst die Hand. Vergeblich. Er betet. Auch vergeblich. Oder vielleicht doch nicht ganz. Tatsache ist, dass Philipp sich zu guter Letzt zum Papst aufs Bett legt. Kämmerer und Kardinäle sind pikiert. Aber der Papst ist kuriert.

Wer war Philipp Neri? Ein Gaukler oder ein Mystiker? Ein Stadtstreicher oder ein Wundertäter? Ein gottbegnadeter Seelenführer oder ein leichtfertiger Witzbold und Spaßvogel? Ganz einfach, er war all das zusammen. Und noch viel mehr. Er war ein fröhlicher Christ, der sich um die Meinung, die andere von ihm hatten, einen Dreck scherte. Etwas vornehmer ausgedrückt: der seinen Glauben lebte und gleichzeitig keinen Moment zögerte, er selbst zu sein.

Und ein Komiker war er obendrein. Das hat natürlich eine Menge Leute gestört. Aber Philipp Neri war nun einmal ein Clown, ein großartiger Spaßmacher und unüberbietbarer Possenreißer. *Und* ein herausragender Heiliger, dem man nachsagte, dass sein Herz vor lauter Gottesliebe so heiß sei, dass man mitten im Winter die Fenster öffnen musste. Als er einmal gefragt wurde, was bei ihm den Ausschlag gebe, wenn er wichtige Entscheidungen zu treffen habe, antwortete er: „Bei allem, was ich plane, überlege ich mir, was wohl Ignatius von Loyola machen würde. Und dann mache ich das Gegenteil."

Offenbar haben gewisse Leute etwas Mühe mit heiligen Komikern oder komischen Heiligen. Sie können Menschlichkeit und Heiligkeit nicht auf einen Nenner und schon gar nicht unter einen Hut bringen. So empfanden manche seiner Biografen die offenkundigen Narrenzüge bei Philipp Neri als peinlich, was sie wiederum dazu verführte, diese komische Seite seines Wesens möglichst auszublenden.

Was bleibt dann noch übrig? Ein Langweiler mit Heiligenschein, der einem in der Ewigkeit den Himmel zur Hölle macht.

Weil sie nicht existierten, hat man sie erfunden

WIE EIN HEILIGER EIN WUNDER VERHINDERTE

Als Papst Paul VI. am 9. Mai 1969 die vom Zweiten Vatikanischen Konzil angestoßene Neuordnung des liturgischen Kalenders veröffentlichte, sah er sich mit einem veritablen Shitstorm konfrontiert. Was war passiert?

Dass das Gedenken der einzelnen Heiligen auf ihren Todestag verlegt wurde (vorausgesetzt dieser ließ sich historisch nachweisen), nahm man noch hin. Dass aber manche ausgesprochene Lieblinge der Gläubigen aus dem liturgischen Kalender einfach gestrichen wurden, gab nicht nur Anlass zu Empörung, sondern auch zu der Bemerkung, der Papst habe die Heiligen aus dem Himmel herausgeprügelt.

Zu diesen Prügelkindern zählten vor allem jene, über deren historische Existenz nur zu begründete Zweifel herrschten: Christophorus, Cäcilia, Ursula mit ihren elftausend Gefährtinnen, Georg … Oder Katharina, für deren ‚Lebensbeschreibung' die Biografie der spätantiken, von Christen ermordeten Philosophin Hypatia von Alexandria (um 355–415/416) herhalten musste.

Von anderen Geschassten hingegen, die nicht gerade zu den Favoriten gehörten, nahm man kaum Notiz.

Es trifft dies etwa zu für die vom heiligen Pfarrer von Ars hochverehrte Filomena, die ihre Scheinexistenz der Freilegung eines Grabes in den römischen Priscilla-Katakomben verdankt. Als dort 1802 eine Grabnische mit drei auf der Verschlussplatte eingeritzten Symbolen (Palmzweig, Efeu, Pfeil) entdeckt wurde, glaubte man, auf die letzte Ruhestätte einer frühchristlichen Blutzeugin gestoßen zu sein. Die Inschrift auf den vier erhaltenen Ziegelfragmenten, die in der Grabkammer aufgefunden wurden, lautete:

PAX TE / LVMENA / FI / CVM

Offensichtlich waren diese Ziegel schon früher einmal für ein anderes Grab verwendet worden. Später wurden sie dann erneut genutzt – und in willkürlicher Reihenfolge eingesetzt. Eher fromme als findige Sprachkundler brachten den rätselhaften Text auf die Reihe und lasen:

PAX TECVM FILVMENA
Friede mit dir, Filomena

Heute sind sich die Archäologen und Philologinnen gleichermaßen einig, dass man die Ziegelplatten, die als Verschluss der Grabnische dienten, anders anordnen muss. Dann lautet die Inschrift:

LVMENA PAX TECVM FI[LIA]
Lumena, der Friede sei mit dir, meine To[chter]

Eine andere römische ‚Heilige' kam aufgrund eines simplen Übersetzungsfehlers zu ihrer Gloriole. Das ihr geweihte Gotteshaus wurde gegen Ende des 4. Jahrhunderts über den Ruinen eines römischen Wohnhauses errichtet, das einem Senator namens Pudens gehörte. Der Legende zufolge soll dieser Pudens zwei Töchter gehabt haben, Pudenziana und Praxedis, die Jesusgläubigen zu Zeiten der Christenverfolgung Unterschlupf gewährten. Wie es zu dieser Legendenbildung kam, verrät eine Inschrift auf dem Apsismosaik der römischen Kirche Santa Pudenziana:

DOMINVS CONSERVATOR ECCLESIÆ PVDENTIANÆ
Der Herr, Bewahrer der pudenzianischen Kirche
(d. h. der Kirche *des Pudens*)

Schon früh jedoch erfuhr das lateinische *pudentianæ* eine andere, grammatikalisch zwar mögliche, historisch aber unzutreffende Interpretation: „Kirche der Pudenziana". Als man im 16. Jahrhundert die Priscilla-Katakomben entdeckte und auf die Grabstätte einer gewissen *Potentiana* stieß, wurde diese mit der imaginären *Pudenziana* gleichgesetzt.

Nicht auf eine fehlerhafte Übersetzung, sondern auf eine fortschreitende Verballhornung zurückzuführen ist die Verehrung der heiligen Passera, der in dem außerhalb des Zentrums von Rom gelegenen Quartiere della Magliana eine mittelalterliche Kirche geweiht ist. Es ist dies weltweit das einzige Heiligtum, das an die heilige Spätzin (so die wörtliche Übersetzung) erinnert. Errichtet wurde das Gotteshaus zu Ehren eines ominösen heiligen Abbas Cirus. Dieser Abbas (‚Vater') Cirus machte im Lauf der Jahrhunderte und im Zug einer ständig sich verändernden Sprache immer neue verbale Metamorphosen durch. Irgendwann wurde aus ihm ein *Abbaciro,* dann ein *Appaciro,* später gar ein *Appacero,* der sich seinerseits in einen *Pacero,* dann in eine *Pacera* und schließlich in eine *Passera,* in eine Spätzin, verwandelte.

Um den Eindruck zu vermeiden, dass Heilige bloß im heißen Süden aus dem Nichts erschaffen wurden, sei hier kurz die Geschichte der ‚Heiligsprechung' einer Jungfrau mit Namen Kümmernis in Erinnerung gerufen, die ihre Scheinexistenz indirekt der missverständlichen Deutung eines italienischen Christusbildes verdankt.

Die älteste Spur dieser sonderbaren Heiligen führt in die Niederlande. Dort taucht ihr Name 1476 erstmals in einem liturgischen Kalender auf. Gerade ein Jahr später beschreibt ein anderer Heiligenkalender sie als Jungfrau und Märtyrerin, die einen portugiesischen König zum Vater hatte. Dieser bestimmte sie einem gottlosen sizilianischen Fürsten zur Gemahlin, und zwar gegen ihren Willen. Kümmernis hatte sich nämlich in den

Heilige Kümmernis. Dominikanerkirche Bozen.

Kopf gesetzt, sich Christus anzuverloben – und Gott gebeten, ihr einen Bart wachsen zu lassen. Auf diese Weise hoffte sie ihren heißblütigen Bewerber auf andere Gedanken zu bringen. Die Erhörung dieses ungewöhnlichen Anliegens führte bei ihrem Vater zu einem derartigen Wutausbruch, dass er seine

Tochter kurzerhand kreuzigen ließ. Die Künstler zeigen sie am Kreuz hängend, mit einem dichten Backenbart und einem langen züchtigen Kleid.

Den Anlass zur Ausformung dieser Legende gab eine mit einem Faltengewand bekleidete gekreuzigte Jesusgestalt im Dom zu Lucca, der wundertätige *Volto Santo*, von dem im Mittelalter zahlreiche Kopien zirkulierten. Der Gekreuzigte ist von einer majestätischen Aura umgeben, umhüllt vom Glanz der bevorstehenden Auferstehung. Später dann, als die realistischen Kreuzigungsszenen sich in der Kunst durchsetzten, beflügelte der *Volto Santo* im Faltengewand vorzugsweise in den nordischen Ländern die Fantasie der Betrachtenden. Man verwechselte das lange Lendentuch mit einem Frauenkleid, und aus dem sterbenden Jesus wurde so eine gekreuzigte Frau. Dass man für den Backenbart dieser Gekreuzigten zu einer übernatürlichen Erklärung Zuflucht nahm, liegt auf der Hand.

Kurioserweise verehrte man die neue ‚Heilige' unter mehreren Namen. In einigen Varianten der Legende heißt sie Wilgefortis. Gelegentlich trat sie auch als Caritas, Eutropia oder Hülpe für die Bittenden ein. In den Niederlanden war sie unter den Namen Ontcomera, Ontkommer oder Untkümmernis (ohne Kummer) bekannt. Auf einigen Darstellungen trägt Kümmernis nur *einen* Schuh; den anderen soll sie einem mittellosen Geiger verehrt haben, als dieser vor ihrem Bild aufspielte. Was erneut auf die Legende vom *Volto Santo* zu Lucca verweist, der angeblich eine seiner goldenen Sandalen einem armen Spielmann überließ.

Im Volksglauben galt die Heilige früher als achtsame Nothelferin. Auf ihre Fürsprache hin erhoffte man sich nicht nur Heilung von Krankheiten, sondern auch Linderung materieller Not. Überdies glaubte man, dass sie ein wachsames Auge auf die Haustiere habe und den Sterbenden in ihrem Todeskampf beistehe. Wie der heilige Thomas Morus (1478–1535) versichert, gab es immer wieder Frauen, die die heilige Kümmernis bestürmten, sie doch um Gottes willen von ihrem Ehemann zu befreien – hatte sie doch ihrerseits den für sie ausgewählten Bräutigam erfolgreich abgewiesen. Allerdings ist nicht bezeugt, dass sie in dieser Hinsicht jemals tätig geworden wäre.

Geschätzt und hochverehrt war früher eine Heilige, deren Name nunmehr selten auftaucht in den Adressverzeichnissen: Veronika. Das hat damit zu tun, dass Eltern sich heutzutage zunehmend von Telenovelas und den darin auftretenden Schauspielern und Diven inspirieren lassen, wenn es darum geht, ihre Neugeborenen beim Einwohnermeldeamt registrieren zu lassen.

Das ist nicht weiter tragisch, wenn man bedenkt, dass die auf den Namen Veronika Getauften gar keine Schutzpatronin hatten, weil eine solche Heilige nie existierte.

Wie aber kam diese Nichtperson zu einer Biografie? Und zu einem Namen?

Zu Beginn des 4. Jahrhunderts verfiel im palästinischen Cäsarea ein Priester namens Eusebius als Erster auf den Gedanken, eine Geschichte der Kirche zu verfassen. In diesem Werk, das für historisch Interessierte noch heute von unschätzbarem Wert ist, poltert er unter anderem gegen eine Statuengruppe, die einen stehenden Mann und eine Frau in bittender Haltung darstellt. Angeblich handelte es sich dabei um ein Dankesmonument der blutflüssigen Frau, die Jesus von ihrer Krankheit geheilt hatte (Mt 9,20–22). Weil derartige Gedenk- und Erinnerungsmale damals ausschließlich bei den Heiden gang und gäbe waren, vermag der gelehrte Presbyter und spätere Bischof von Cäsarea dieser Darstellung nichts Positives abzugewinnen. Vielmehr verleiht er der Hoffnung Ausdruck, dass derartige Kultbilder nicht Schule machen würden.

Offensichtlich hat sich die Erwartung des hitzköpfigen Historikers nicht erfüllt. Die heutigen Geschichtsforscher sind ihm trotzdem dankbar für seine Philippika. Denn ausgerechnet und nur dank dieses Rüffels lässt sich die Veronikalegende bis in ihre Anfänge zurückverfolgen. Während die Evangelisten den Namen

Engel mit dem Schweißtuch der Veronika. Statue auf der Engelsbrücke in Rom.

der von Jesus geheilten blutflüssigen Frau nicht überliefern, weiß die Legende schon im 6. Jahrhundert zu berichten, dass sie Veronika hieß. Angeblich, so erzählt sie, wollte die von Jesus Geheilte immer ein Bild ihres Retters bei sich haben, weil sie ihm nicht von Ort zu Ort folgen konnte. Während sie sich mit einer Leinwand auf den Weg zu einem Maler machte, soll sie Jesus begegnet sein. Der berührte das Linnen, worauf sich auf diesem sein Antlitz einprägte. An dieser Stelle hält es die Geschichtsforschenden nicht mehr; ihnen ist es ein Anliegen, die Herkunft des Namens Veronika zu erläutern. Der gehe auf jene Kirchen zurück, behaupten sie, die Jahrhunderte später beanspruchten, ein echtes Porträt Jesu zu besitzen. Dafür spricht einiges. Tatsächlich leitet sich der Name *Veronika* von dem lateinischen *vera* und dem griechischen *eikon* her, was *wahres Bild* bedeutet.

Die Legende weiß es natürlich besser. Veronika, inzwischen im Besitz des Bildes, wird von einem Boten des Kaisers Tiberius aufgesucht, der krank daniederliegt; er hat ein Wespennest im Kopf. Veronika reist mit dem Boten nach Rom. Das Tuch erweist sich als heilkräftig. Tiberius gesundet. In der Kirchengeschichte des Eusebius war das Bild noch ein einfaches Memorial für ein Heilungswunder Jesu. Jetzt hingegen besitzt es eine wunderbare Energie.

Die Legende schert sich wenig um religionsgeschichtliche Zusammenhänge; ihr geht es hauptsächlich um Andacht und Erbauung. So verwundert es nicht, dass sie vom 13. Jahrhundert an versucht, verschiedene inzwischen verbreitete Entstehungsgeschichten des Schweißtuches miteinander in Einklang zu bringen. Das geschieht, indem sie das Jesusporträt mit dem Kreuzweg Jesu in Zusammenhang bringt. Im 14. Jahrhundert entwickelten die Franziskaner die Andachtsform des Kreuzweges. Eine der Kreuzwegstationen ist der Begegnung Jesu mit einigen Frauen von Jerusalem gewidmet. Dem Lukasevangelium zufolge begleitete eine große Menschenmenge den das Kreuz tragenden Jesus zur Schädelstätte; darunter waren auch Frauen, die um den Geschundenen klagten und weinten. Im Lauf der Zeit brachte die Volksfrömmigkeit die Entstehung des Bildnisses Jesu mit dieser Begegnung in Verbindung, wobei Veronika gleichzeitig mit einer der trauernden Frauen identifiziert wurde. Diese Verlagerung der Entstehungsgeschichte spiegelt sich auch in den Texten der Passionsspiele, die im 15. Jahrhundert aufkommen. Im

16. Jahrhundert schließlich wird der liebenden Geste der Veronika in einer eigenen Kreuzwegstation gedacht – obwohl sich diesbezüglich keinerlei Spuren in den Evangelien finden.

Auf diese Weise verflüchtigt sich das anfängliche Motiv der Legende vollends. Diese handelte davon, dass Veronika einen Maler aufsuchte, weil sie das Bild des Erlösers ständig bei sich haben wollte. Jetzt hingegen reicht eine Frau Jesus ihr Kopftuch, damit dieser sein blut- und schweißüberströmtes Gesicht trocknen kann.

Wohl handelt es sich bei dieser Geschichte ‚nur' um eine Legende. Was bei Legenden wirklich zählt, sind die Glaubenserfahrungen, die dahinterstecken. Veronika steht für all jene Menschen, die sich am Verhalten Jesu orientieren, der zeitlebens bemüht war, die körperlichen und seelischen Wunden seiner Landsleute zu heilen. Deshalb lag die Volksfrömmigkeit goldrichtig, als sie Veronika eine eigene Kreuzwegstation errichtete.

Schließlich ist da noch der heilige Cucino, von dem wohl die wenigsten gehört haben. Dieser gilt als Schirmherr der Garköche und Kochkünstlerinnen. Mit bürgerlichem Namen hieß er Domenico Pentola. Geboren wurde er im Jahr des Herrn 1411, am 14. Juli, am Festtag des heiligen Kamillus, als Sohn des Weinbauern Bruno und dessen Frau Prisca. Wie in jenen Zeiten üblich, erlernte Domenico den Beruf seines Vaters. Weil er seiner in der Küche hantierenden Mutter schon im zarten Alter immer wieder mal über die Schulter schaute (wobei er einen Schemel zu besteigen sich genötigt sah), eignete er sich in der Kochkunst schon früh für sein Alter bemerkenswerte Kenntnisse an. Mit gerade siebzehn Jahren beschloss er, sein Leben ganz Gott zu weihen, und bat im Klösterlein San Francesco bei Ponte Piave um Aufnahme. Fortan nannte er sich Fra Cucino, entsprechend der biblischen Überzeugung, dass ein neuer Mensch einen neuen Namen braucht – wovon ihn der Pater Prior mit Verweis auf den Kolosserbrief des Paulus, Kapitel drei, Verse neun und zehn, überzeugt hatte.

Schon bald erkannten seine Oberen, dass Fra Cucino Gott und seinen Mitbrüdern am besten in der Küche dienen könne. *Ecce* – siehe da! Fra Cucino wusste so geschickt nicht nur mit Töpfen und Tiegeln, sondern auch mit Gurken und Grünkohl, mit Kalbshaxen und Kutteln, sogar mit Zucchini und Zwiebeln auf überaus geschmackvolle Weise umzugehen, was der brüderlichen Eintracht und dem klösterlichen Frieden über die Maßen förderlich war.

Schon bald hieß es in der ganzen Gegend: „*Fra Cucino predica col cucchiaio* – Bruder Cucino predigt mit dem Kochlöffel."

Sein Ruhm drang bis nach Rom, was wiederum bewirkte, dass Papst Famixtus ihn in den Vatikan berief. Damals gelang Fra Cucino das Wunderstück, während er sich am Herd zu schaffen machte, die ganze damalige Theologie mit ihren dunstigen Distinktionen und subtilen Spekulationen in einem einzigen Satz zusammenzufassen: „*Mangiare e bere tiene insieme corpo e anima* – Essen und Trinken hält Leib und Seele zusammen." Nur ungern willfahrte der Papst dem Wunsch des inzwischen an Altersbeschwerden leidenden Fra Cucino, zu seinem Kräutergärtlein in Ponte Piave zurückzukehren. Zusammen mit der Bewunderung für seine Kochkünste wuchs auch die Verehrung für ihn. Am 26. September 1494, nachdem Fra Cucino dem Pater Guardian noch einmal dessen Leibgericht zubereitet hatte, verschied er und stellte sich dem Gericht Gottes. Seine letzten Worte waren: „*Vinum bonum – vita optima.*"

Bereits ein Jahr nach seinem seligen Hinschied nahm Papst Setus, der Nachfolger von Papst Famixtus, den Prediger mit dem Kochlöffel in die Schar der Heiligen auf. Keine Kirche ist auf seinen Namen geweiht. Stürmische Bitten und heiße Stoßgebete erreichen ihn ja ohnehin vor allem aus den Küchen seiner Bewunderer und Verehrerinnen.

Ob Fra Cucino sich auch fernerhin so großer Wertschätzung als Fürsprecher erfreut, darf bezweifelt werden. Denn das Ende der ganzen Geschichte mutet prosaisch an. Inzwischen nämlich ist bekannt geworden, dass die Gestalt des sympathischen Fra Cucino am 31. Dezember 1972, anlässlich einer Silvesterparty, von einem Münchener Kunstprofessor namens Rudolf Seitz *erfunden* wurde.[6]

Auf die Fangemeinde des italienischen Küchenheiligen wirkt diese Feststellung naturgemäß ernüchternd. Umso ergötzlicher ist die Nachgeschichte. Am 10. März 1994 (und nun wird es doch wieder fast poetisch) wandte sich der Biograf des erfundenen Heiligen in einem Schreiben an die römische Kongregation für Selig- und Heiligsprechungen: „Eminenz, sehr verehrter Herr Kardinal! Ich stieß hier in Bayern auf einen Heiligen (?), der offensichtlich verehrt wird. Trotz redlicher Bemühungen konnte ich keine Unterlagen über ihn finden. Könnten Sie mir bitte mitteilen, in welche Richtung ich meine Bemühungen lenken soll?“ Die Antwort traf schon am 25. März ein, nicht in lateinischer, sondern in englischer Sprache. Die Kongregation ließ wissen, dass es sich bei dem besagten Fra Cucino um einen ihr unbekannten Heiligen handle – und ermunterte den erzählfreudigen Professor, weitere diesbezügliche Nachforschungen anzustellen.

Was den humorvollen Fantasten dazu veranlasste, an der von ihm in die Welt gesetzten Legende weiterzustricken. So wusste er in der Folge zu berichten, dass der demütige San Cucino entgegen aller von Heiligen sonst geübten Gepflogenheit einmal sogar ein Wunder verhinderte. Der soll einmal einen Topf voll Milch auf den heißen Herd gestellt und seinen Gehilfen, den etwas einfältigen Fra Barolo, gebeten haben, darauf aufzupassen. Anschließend begibt sich der fromme Cucino kurz in den Kräutergarten, um ein bisschen Rosmarin und Basilikum und ein paar Zweiglein Thymian zu pflücken. Da hört er Fra Barolo aus dem Küchenfenster schreien: *„Miracolo, miracolo!* Die Milch wird immer mehr.“ Fra Cucino rennt in die Küche und nimmt den Topf vom Feuer. Wodurch er die wundersame Milchvermehrung im allerletzten Augenblick verhindert.

Weidmann oder Fischer?

WIE EIN LEGENDENKLAU HUBERTUS ZUM JÄGER MACHTE

Die älteste Lebensbeschreibung des heiligen Hubertus wurde von einem seiner Schüler verfasst. Der weiß zu berichten, dass Hubertus um 655 geboren wurde; dass er in Paris unter König Theuderich III. das Amt eines Pfalzgrafen bekleidete und später in Metz am Hof Pippins des Mittleren lebte; dass er nach dem Tod seiner Frau als Einsiedler in die Wälder der Ardennen zog; dass er, wohl seit dem Jahr 703 oder 705, als Bischof von Tongern-Maastricht wirkte; dass er 716 seinen Bischofssitz nach Lüttich verlegte und dass er am 30. Mai 727 in Tervuren bei Brüssel verstarb.

Hubertus? Die meisten wissen von ihm bloß, dass die Weidmänner und Jägerinnen ihn als Schutzpatron verehren.

Für die Pirsch allerdings hatte dieser fromme Mann und eifrige Missionar nie etwas übrig, wenn man einmal davon absieht, dass er in seiner Jugend den „Eitelkeiten der Welt" nachjagte (wie sein Biograf berichtet). Seine letzten Lebenstage verbrachte er nicht auf der Jagd, sondern beim Fischfang.

Dass ausgerechnet die Jäger Hubertus zu ihrem Schutzherrn erkoren, beruht auf einer Reihe von Umständen, die mit dem Leben dieses Bischofs in keinem Zusammenhang stehen. Am 3. November 743, sechzehn Jahre nach seinem Tod, wurden seine Gebeine exhumiert und in das später nach ihm benannte Ardennenkloster zu Andage übertragen, wo er früher als Glaubensbote gewirkt hatte. Dort suchte man schon um die Mitte des 10. Jahrhunderts Heilung vor Tollwut. Diese damals unter den Wildtieren der Ardennen verbreitete Krankheit wurde häufig auf die Jäger übertragen. Aufgrund dieser Tatsache entstand eine erste Beziehung zwischen dem heiligen Hubertus und den Weidmännern. Dazu kommt, dass die Jäger vor der Christianisierung die Erstlinge der Jagd der römischen Göttin Diana opferten. Im Zug seiner Missionierung hatte Hubertus diesen Brauch nicht bekämpft, sondern verchristlicht. Auf seine Anregung hin wurden die zuerst erlegten Tiere fortan nicht mehr der heidnischen Jagdgöttin, sondern dem Apostel Petrus dargebracht. Dies ist ein weiterer Grund, warum Hubertus zum Schutzpatron der Weidmänner aufrückte.

Wie aber kommt es dann, dass Hubertus in der Regel mit einem Hirsch dargestellt wird, der ein Kreuz zwischen seinem Geweih trägt? Nachdem man dem fischenden Rentner erst einmal eine Jägermontur verpasst hatte, lag es nahe, auch seine Biografie zu aktualisieren: Weil Hubertus zum Liebling der Jäger avancierte, machte man ihn am Ende selbst zum Jäger. Ein späterer Biograf greift diese Falschmeldung auf. Die wiederum verleitet ihn dazu, die *Vita Huberti* mit einem Textbaustein aus einer älteren Heiligenlegende anzureichern, den er einer in den ersten Jahrhunderten entstandenen Überlieferung entnimmt. Die berichtet, dass ein Heide namens Eustachius sich an einem Karfreitag auf die Jagd begibt. Plötzlich taucht vor ihm ein Hirsch auf, in dessen Geweih ein Kreuz aufleuchtet, worauf Eustachius ihn verschont und sich zum wahren Glauben bekehrt. Dank dieses Legendenklaus entstand schließlich der Eindruck, fast lieber als das ihm anvertraute Hirtenamt habe Hubertus das Weidmannshandwerk ausgeübt.

Heutige Tierschützer übersehen zumeist, dass Hubertus letztlich aufgrund eines Plagiats zum Schutzpatron der Jäger wurde. Zu Recht fordern sie, ihn zum Schutzherrn der Tiere zu erklären, zumal er (wie weiland Eustachius) den Hirsch mit dem Kreuz im Geweih am Leben ließ.

Nichtsdestotrotz reklamieren die Jäger Hubertus noch immer für sich.

Der inzwischen erfolgreichste Promoter für Hubertus ist ein Spirituosenproduzent aus dem niedersächsischen Wolfenbüttel. Der machte den Hirsch mit dem Kreuz im Geweih zum Markenzeichen eines weltweit geschätzten Kräuterlikörs, der unter der Bezeichnung *Jägermeister* im Handel ist. Alkoholgehalt 35 Prozent.

Gelegentlich soll es vorkommen, dass auch heutige Jäger sich damit brüsten, tatsächlich einen Hirsch mit einem Kreuz im Geweih gesehen zu haben. Ärztinnen und Mediziner sind der Ansicht, dass diese nicht in die Psychiatrie, sondern in die Ausnüchterungszelle gehören.

Verweigerter Kinderwunsch

WIE EINE WITWE TRICKREICH IHR RECHT EINFORDERT

Im alten Israel, als der Glaube an ein Weiterleben nach dem Tod noch völlig unbekannt war, waren die Männer darum besorgt, dass zumindest ihr Angedenken von den kommenden Generationen gehütet und geehrt werde und ihr Geschlecht auf diese Weise fortbestehe. Diese Hoffnung erwies sich natürlich als haltlos, wenn eine Ehe kinderlos blieb. Um dem Versinken in die Vergessenheit gegenzusteuern, erfand man die Levirats- oder Schwagerehe (Dtn 25,5–10).

Wenn ein Mann ohne Nachkommen starb, war auch der Familienbesitz gefährdet. Um diesen zu schützen und um gleichzeitig die Zukunft der Witwe zu sichern, war der älteste Bruder des Verstorbenen verpflichtet, seiner Schwägerin Nachkommen zu erwecken. Sollte dieser dazu nicht in der Lage sein, musste der nächstfolgende Bruder einspringen. Falls dieser noch nicht heiratsfähig war, musste die Witwe bis zu dessen Volljährigkeit warten. Ziel war es, einen männlichen Nachkommen zu zeugen, der rechtlich als Sohn des Verstorbenen galt.

Im 38. Kapitel des Buches Genesis nun wird berichtet, wie eine kinderlose Witwe es verstand, ihr Recht auf Nachkommenschaft allen Widerständen zum Trotz durchzusetzen.

Die Frau hieß Tamar. Tamar war verheiratet mit Er, dem Sohn des Juda. Dieser Juda hatte noch zwei weitere Söhne, Onan und Schela.

Als Er starb, ließ er seine Frau Tamar kinderlos zurück. Entsprechend der mosaischen Weisung befahl Juda seinem zweiten Sohn Onan, mit Tamar die Schwagerehe zu vollziehen und seinem verstorbenen Bruder Nachkommenschaft zu schaffen. Offenbar fand Onan Gefallen an Tamar; ausdrücklich wird gesagt, dass er öfter „zu ihr ging". Dabei setzte er jedoch alles daran, seinem Bruder keinen Nachkommen zu zeugen. Um das zu bewerkstelligen, bediente er sich einer Methode, die in der klassischen Moraltheologie als *coitus interruptus* bezeichnet wird – er machte einen Rückzieher. Oder wie der Chronist sagt: „Er ließ seinen Samen zur Erde fallen" (Gen 38,9).

Eine solche Missachtung der Rechtsordnung fordert Gottes Zorn heraus. Die Strafe folgt auf dem Fuß. Onan stirbt.

Nun wäre eigentlich Judas nächster Sohn Schela an der Reihe, aber der ist noch im Knabenalter. Juda vertröstet Tamar und schickt sie zu ihrem Vater zurück. Diese durchschaut die Absicht, die dahintersteckt. Tatsächlich ist Juda nicht gewillt, sie später doch noch durch Schela schwängern zu lassen, hat er doch bereits zwei Söhne verloren, die mit ihr zusammen waren.

Ein paar Jahre später erfährt Tamar, dass Juda, dessen Frau inzwischen verstorben ist, sich nach Timma zur Schafschur begibt. Da werden nicht nur Schafe geschoren und es wird nicht nur Wolle verkauft. Wo Leute in Massen zusammenströmen, finden sich auch Taschendiebe ein und Betrüger und Gauner. Und Dirnen.

Also macht Tamar sich zurecht nach Art der Prostituierten und gibt sich den Anschein, am Ortsausgang auf Kundschaft zu warten. Ihr Gesicht allerdings hat sie verhüllt. Wie Juda daherkommt, spricht sie ihn an. Als Liebeslohn verspricht dieser ihr ein Ziegenböcklein. Aber so schnell werden die beiden sich nicht einig. Als Pfand, das ihr ermöglicht, den versprochenen Lohn später einzufordern, verlangt Tamar Judas Siegelring, den er an einer Schnur um den Hals trägt, sowie seinen kunstvoll verzierten Stab. Die Hormone müssen Juda schon sehr bedrängt haben, dass er ihr diese kostbaren Dinge überlässt. Kaum dass er seine Schwiegertochter beschlafen hat, macht diese sich davon.

Aber Juda hält Wort. Als er Tamar durch einen Bekannten das Ziegenböcklein überbringen lässt, kehrt dieser unverrichteter Dinge zurück – in ganz Timma habe man keine Dirne gesichtet.

Dann soll sie die Pfänder behalten! Denkt Juda. Wenn die Sache bloß nicht auffliegt und ich am Ende als Hurenbock verspottet werde!

Drei Monate später ereilt Juda ein Gerücht. Seine Schwiegertochter sei durch Unzucht schwanger geworden. Juda reagiert, wie jeder seiner Stammesgenossen reagieren würde: Diese Schande lässt sich nur durch den Tod auslöschen. Die Sittenlose soll verbrannt werden!

Die jedoch lässt Siegelring und Stab zu Juda bringen. Der fühlt sich ertappt. So bleibt ihm nichts übrig, als die Schwiegertochter am Leben und den Spott der Landsleute über sich ergehen zu lassen …

Tamar indessen schenkt gleich zwei Söhnen das Leben, Serach und Perez. Perez, der Erstgeborene der Zwillinge, ist einer der Vorfahren des Königs David, dessen Geschlecht Jesus entstammt.

Und Tamar? Wird so zu einer Urahnin des Messias.

Ausdrücklich erwähnt ist sie in dem vom Matthäusevangelium überlieferten Stammbaum Jesu, zusammen mit vier anderen Frauen (Mt 1,1–17).

Ungewöhnlich im Vergleich zu ähnlichen alttestamentlichen Ahnentafeln ist freilich der Umstand, dass der Evangelist außer den 42 männlichen Vorfahren Jesu auch Frauen anführt. Erstaunlicher noch ist die Tatsache, dass es sich bei Letzteren nicht etwa um ehrwürdige Vorbilder aus der Patriarchen- oder Prophetenzeit handelt. Nicht von einer Sara ist da die Rede, nicht von einer Rebekka, auch nicht von einer Rahel oder von einer Prophetin namens Hulda, sondern von Außenseiterinnen.

Die erste von ihnen ist Tamar. Die nächste in der Liste ist eine kanaanitische Prostituierte namens Rahab, die zwei israelitischen Spionen in Jericho Unterschlupf gewährt und so die Eroberung der Stadt ermöglicht (Jos 2). Als Outsiderin gilt auch die Nichtisraelitin Rut aus dem Volk der Moabiter. Diese heiratet den Israeliten Boas und gebiert ihm einen Sohn namens Obed, den künftigen Großvater Davids, und wird so zu einer der Stammmütter Jesu. Wobei die Verbindung zwischen Boas und Rut in klarem Widerspruch zu den geltenden Vorschriften stand, denen zufolge eine Eheschließung zwischen Israeliten und Angehörigen anderer Völker verboten war (Dtn 7,1–6). Eine vierte Frau erwähnt Matthäus bloß indirekt, nämlich Batseba, die Mutter von Davids Sohn Salomo. Um ihretwillen wird David zum Ehebrecher und Meuchelmörder. David begehrt Batseba, und nachdem er sie geschwängert hat, lässt er ihren Mann, den hethitischen Heerführer Urija, umbringen (2 Sam 11). Tamar, Rahab, Rut und Batseba – sie alle waren Ausländerinnen und hatten Männerbeziehungen, die nicht unproblematisch waren. In einer heiklen Situation befindet sich auch die fünfte im Matthäusevangelium erwähnte Frau, Maria. Die ist ohne Zutun ihres Verlobten Josef schwanger geworden.

Mit seinem Stammbaum erinnert Matthäus daran, dass Gott bei der Vorbereitung der Erlösung der Menschheit auch Menschen einbezog, die nach gängigen Vorstellungen in der einen oder anderen Weise als suspekt galten.

Was die listenreiche Tamar betrifft – eigentlich schade, dass nur die römische Kirche sie zu ihren Heiligen zählt. Ihr Gedenktag fällt auf den 29. Dezember.

Der Wundertäter von Myra

WIE EIN BISCHOF ZUM WEIHNACHTSMANN MUTIERTE

So gegen Ende Oktober/Anfang November, wenn bei Aldi und Lidl die Christstollen lange vor ihrer Zeit in die Regale gestellt werden für Leute, die fast das ganze Jahr über Weihnachten feiern, klettert er, bekleidet mit einem knallroten Mantel und mit einer nicht minder roten Zipfelmütze mit weißem Pelzbesatz an Seilen die Hauswände hoch, versucht über den Balkon einzusteigen – man weiß nicht so recht, will er etwas bringen oder trägt er seinen (vielleicht schon anderorts gefüllten) Sack, um ein paar Wertgegenstände zu klauen – der weiße Rauschebart könnte ja auch der Tarnung dienen – Ende Oktober/Anfang November also hat er seine große Zeit, stromert, höchst lebendig jetzt und oft mit roter Trinkernase, in den städtischen Einkaufsmeilen herum, begleitet gelegentlich von einem Knecht Ruprecht, über den in unserem aufgeklärten Jahrhundert sogar die Kindergartenkinder lachen, verteilt glanzpapierene Prospekte, auf denen nicht nur für alle möglichen, sondern auch für die unmöglichsten Geschenkideen geworben wird, dies aber nur, falls er nicht gerade gebucht ist für eine der in dieser Jahreszeit obligaten Feiern im Skatklub oder im Kegelverein, die nicht zu seinen Ehren, sondern zwecks Festigung des Zusammenhalts der Mitglieder ein kleines Besäufnis inszenieren, allenfalls auch ein etwas größeres, wenn es sich gerade um eine Faschingsgruppe handeln sollte – aber jetzt schreit mein ellenlanger Satz laut und ungestüm nach einem Punkt.

Die Rede ist nicht vom heiligen Nikolaus – ob von Myra oder von Bari, wird noch zu klären sein –, sondern von seiner Karikatur, die leider von manchen unserer Zeitgenossen (die Zeitgenossinnen sind hier mitgemeint) mit dem Original verwechselt wird, von dem längst nicht alle mehr sagen können, ob oder dass es existierte.

Dass Nikolaus existierte, steht historisch fest – damit ist das Wichtigste und Sicherste bereits gesagt. Tatsächlich hat der Kapuzenmann mit der Weinnase und dem weißen Bart ja so einiges hinter sich. Ja, *hinter sich* – nämlich rund zweitausend Meilen und weit mehr als anderthalb Jahrtausende.

Zu den (das sei vorab bemerkt) keineswegs harten Fakten gehört, dass Nikolaus so ums Jahr 270/280 geboren wurde, und zwar in der heutigen Türkei in der an der Mittelmeerküste gelegenen Kleinstadt Pátara. Als kaum 20-Jähriger soll er von seinem Onkel, der im nahe gelegenen Myra (heute Demre) als Bischof wirkte, zum Priester geweiht worden sein. Nach dessen Tod wurde er als Nachfolger inthronisiert. Verstorben ist er an einem 6. Dezember zwischen 345 und 352. Seine vorletzte Ruhestätte fand er in seiner Kirche in Myra.

Was man sich schon bald nach seinem Tod erzählte, liegt wohl daran, dass er bereits zu Lebzeiten in hohem Ansehen stand. Nachgesagt wird ihm, dass er das Erbe seiner Eltern an die Armen verteilte und sich zeitlebens als Wohltäter erwies. Ausführlichere, allerdings recht verschwommene Überlieferungen sind seit dem 6./7. Jahrhundert greifbar, wobei es zu Verwechslungen kam mit dem gleichnamigen Abt Nikolaus von Sion, dem späteren Bischof von Pínara (in der heutigen Türkei), der am 10. Dezember 564 in Lykien starb. Aus diesen beiden historischen Persönlichkeiten entwickelte sich die ab dem 6. Jahrhundert weithin fiktive Figur des wundertätigen übermächtigen Bischofs von Myra.

Lebensbeschreibungen aus dem 9. Jahrhundert, die diese Bezeichnung allerdings kaum verdienen, präsentieren ihn als glaubensstarken Kirchenführer, der während einer Christenverfolgung im Römischen Reich gefoltert wurde.

Dass Nikolaus sich als Seelenhirte großer Beliebtheit erfreute, zeigt schon die Tatsache, dass die Überlieferung nach seinem Tod nur kurze Zeit brauchte, um aus dem guten Menschen einen noch besseren und aus dem besseren den besten zu machen. Dazu kommt, dass, wenn die *Historia* sich mangels Informationen zur Zurückhaltung gezwungen sieht, die *Legenda* zu schwatzen und zu schwafeln beginnt – und die schließt ihren Mund nicht so schnell wieder, wenn sie ihn einmal geöffnet hat.

Es zeigt dies aufs Eindrücklichste die *Legenda aurea,* die *Goldene Legende* mit ihren 182 Lebensbeschreibungen von Heiligen, die der Dominikaner und spätere Bischof von Genua, Jacobus de Voragine, um 1264 veröffentlichte. Es handelt sich dabei um die im Mittelalter meistgelesene Sammlung von Heiligenviten, wobei der Verfasser sich zum größten Teil auf ältere Quellen stützte. Das Werk sollte vor allem der Erbauung dienen, kam aber gleichzeitig der damals allgemein verbreiteten Sucht nach Wundern und Abenteuern entgegen.

Bereits von den Anfängen im Leben des Heiligen von Myra weiß Jacobus Wundersames zu berichten: „Des ersten Tages, da man Sanct Nikolaus das Kindlein baden sollte, da stund es aufrecht in dem Becken und wollte auch am Mittwoch und Freitag nicht mehr denn einmal saugen seiner Mutter Brust.“[7]

Dass eine erbauliche Legende so einsetzt, verwundert niemanden. Dass solches regelmäßig am 6. Dezember aus dem noch bis vor sechs Jahrzehnten gebräuchlichen offiziellen Brevier, dem Stundengebet der römischen Kirche, vorgelesen wurde, grenzt an Schwachsinn. Aber schon damals wurde, wer solchen Aberwitz glaubte, deswegen nicht etwa selig, sondern allenfalls belächelt.

Was Nikolaus' frühe Jahre betrifft, schildert die Legende, dass er von frommen Eltern abstammte; dass er sich „von den Freuden der anderen Jünglinge schied“; dass er mit Andacht die

Kirchen aufsuchte. „Und was er da verstand von der Heiligen Schrift, das behielt er mit Ernst in seinem Sinne."

Das Übliche halt, was Hunderte von anderen Hagiografen über ihre Glaubenshelden und Gottesstreiterinnen verbreiten.

Schon bevor Nikolaus Bischof wurde, behauptet Jacobus de Voragine, war er ein Ausbund an Tugend, der sich in den Werken der Liebe übte (was sich, um möglichen Missdeutungen vorzubeugen, auf die *Nächsten*liebe bezieht). Es zeigt dies schon eine der ersten von der *Legenda aurea* überlieferten Begebenheiten.

Ein verarmter Edelmann beabsichtigt, seine drei Töchter in ein Haus der Freude zu bringen; dort sollen sie mit ihrem unzüchtigen Treiben für seinen und ihren eigenen Lebensunterhalt aufkommen. Nikolaus, der davon erfahren hat, wirft drei Mal des Nachts je einen Beutel voller Gold durchs Fenster ins Haus der Mittellosen und macht sich aus dem Staub. Am dritten Abend, als der dritte Goldklumpen auf dem Boden aufschlägt, rappelt sich der Hausherr auf, rennt dem großzügigen Spender hinterher und stellt ihn. Der bittet ihn um Gottes willen, seinen Namen niemandem preiszugeben. Offensichtlich illustriert der Legendendichter damit, was Jesus in der Bergpredigt anmahnt: „Wenn du Almosen gibst, soll deine linke Hand nicht wissen, was deine rechte tut, damit dein Almosen im Verborgenen bleibt" (Mt 6,3–4). Vielleicht aber wollte der Wohltäter seinen Namen auch deshalb geheimhalten, weil sonst allzu viele Fensterläden am Ort des Nachts offen geblieben wären? Wie auch immer, die drei Töchter konnten standesgemäß verheiratet werden, und ihr Vater hatte ebenfalls ausgesorgt.

Interessant ist, was Letzterer dem Sponsor während der nächtlichen Verfolgungsjagd hinterherruft: *„Siste gradum teque aspectui ne subtrahas meo* – stehe stille und lass mich dein Antlitz schauen!" Diesen etwas holprigen, weil falsch zitierten Vers hat der Legendenschreiber ausgerechnet bei einem heidnischen Dichter abgekupfert; fast wörtlich findet er sich in Vergils Æneis: *„Siste gradum teque aspectu ne subtrahe meo* – hemme den eilenden Schritt und entzieh dich nicht meinem Blicke!"[8] Stilgerechter wäre es gewesen, wenn Jacobus statt Vergil Homer zitiert hätte; in Myra hat man zu Nikolaus' Zeiten nicht lateinisch, sondern griechisch gesprochen.

Zumindest teilweise scheint die Geschichte von den drei an der Sünde vorbeigelotsten Jungfrauen auf eine missverständliche Deutung eines der Attribute des Heiligen zurückzugehen. Alte Darstellungen zeigen ihn mit einer Schriftrolle und drei goldenen Kugeln. Diese verweisen auf die Lehre von der Wesensgleichheit der drei göttlichen Personen, die Nikolaus auf dem Konzil von Nikaia (325) verteidigt haben soll – angeblich, denn in den Konzilsakten taucht sein Name nicht auf. Im Lauf der Zeit geriet dieser Zusammenhang in Vergessenheit, was dazu führte, dass aus den drei goldenen Kugeln (die später als Erkennungszeichen des Heiligen dienen) drei Beutel voller Gold wurden. Auf diese Geschichte geht übrigens auch der Brauch zurück, braven Kindern am Nikolaustag Gaben in die Schuhe zu stecken.

Aufgrund dieser beliebten Jungfrauenlegende erwählten heiratswillige Mädchen den Bischof von Myra zu ihrem Schutzheiligen. Dieses Patronat erfuhr schon bald eine Erweiterung, insofern auch Jungfrauen, Frauen mit Kinderwunsch und Gebärende auf den Beistand des himmlischen Helfers setzten.

Höchste Zeit, dass wir uns wieder auf die Nikolauslegende besinnen.

Es geschah, dass Leute auf dem Meer fuhren und in große Not gerieten. Da riefen sie Nikolaus an: „Nikolaus, wenn wahr ist, was wir von dir haben gehört, so lass uns deine Hilfe erfahren." Und wir, gewitzt und in Legendenkunde nicht ganz unerfahren, wissen schon, was kommt, bevor wir's hören. Nikolaus erscheint auf dem Schiff und sagt: „Ihr rufet mir, hier bin ich." – Und er half ihnen, die Segel zu richten; alsbald war das Meer gestillt.

An dieser Stelle verstößt die *Legenda* gegen ihre ureigenen Regeln und spielt damit den Wundersüchtigen einen argen Streich, was diese in ihrem frommen Eifer aber kaum bemerken.

Legendarischer Logik würde es entsprechen, dass Nikolaus mit einem Machtwort, mit lautem Gottesanruf und priesterlicher Segensgeste dem Sturm Einhalt und allen vier Winden Stille gebietet. Stattdessen macht er sich an den Segeln, an den Stricken und am Schiffsgerät zu schaffen. Nüchtern betrachtet kann da von einem Wunder keine Rede sein – hat der Bischof doch lediglich den Matrosen ihre Arbeit abgenommen. Er tat ja bloß, was deren Sache war. War er, der ansonsten ganz den Gotteswissenschaften frönte, wenn er nicht gerade den Gläubigen in seiner Kirche Kelch und Hostie reichte, in seiner Freizeit gelegentlich als Hobbysegler unterwegs? Das würde erklären, warum sich der Seelenhirte auch als Seemann betätigte. Jedenfalls hat er so erfolgreich demonstriert, dass er durchaus fähig war, auch das Schifflein Petri bei Sturmgebraus und Gegenwind zu steuern.

Bleibt die Frage, wie er auf das Schiff und wieder an den Strand gelangte. Darüber schweigt sich die Legende aus. Plötzlich ist er einfach da. Und nach getaner Arbeit wieder weg. Von einem Wunder an sich bleibt da wenig übrig. Dennoch wird man von ihm, der heldenhaft ins Zeug sich legte, fortan erzählen, dass Wind und Wellen er gebieten könne. Was wiederum bewirkte, dass Seefahrer und Schiffer, Fischer und Flößer, Schiffbauer und Matrosen und Fährleute, wenn ihnen Übles droht, ihm eine Kerze geloben.

Der Geschichte vom Seesturm verdankt Nikolaus neben den drei goldenen Kugeln ein weiteres Erkennungszeichen, nämlich den Anker.

Irgendwann, so die Legende weiter, herrscht in Myra Hungersnot. Da fügt es sich, dass mit Weizen beladene Schiffe aus Alexandria in Myra einen Halt einlegen. Nikolaus, kaum dass die Kunde ihn erreicht, begibt sich stracks zum Hafen, verhandelt mit den Seeleuten, die sich weigern, auch nur einen halben Sack von ihrer Fracht herauszurücken, denn „das Korn ist gemessen und also müssen wir es überantworten an die Scheuern des Kaisers“. Da streckt der Gotteshirte sich so hoch, wie er sich nur strecken kann (dank seiner Mitra ist er eh einen ganzen Kopf länger als der Längste aller Kapitäne), und beschwört sie alle – ja, was wird er wohl gesagt haben? Vielleicht dass die Bibel zwar lehrt, dass der Mensch nicht vom Brot allein lebt, sondern auch vom Wort aus Gottes Mund; *aber* dass auch umgekehrt gelte, dass Menschen, denen es an Brot gebricht, dahinsterben, ähnlich wie das Gras verdorrt, wenn kein Regen sich darüber ergießt. Deshalb, so Nikolaus weiter, soll jedes Schiff hundert Maß Weizen abgeben, zumal solches Werk beim Jüngsten Gericht mehr Gewicht hat als tausend Säcke Getreide; außerdem wird von eurer Ladung, wenn ihr in Alexandria eintrefft, kein Scheffel, was sage ich, kein Gran fehlen, sodass der kaiserliche Kornmesser nichts zu beanstanden hat. Der Fabeldichter führt das alles ein bisschen weiter aus, er zollt der Frömmigkeit Tribut, sorgt bei der Zuhörerschaft für Andacht und Erbauung, während wir, nüchtern wie wir um diese Uhrzeit noch sind, alles, was er weiter ausführt, mit einem einzigen prägnanten Sätzlein zusammenfassen: Und so geschah es. Darüber hinaus geschah es, dass auch die Getreidebauern, Mehlhändler und Bäcker, ja überhaupt die Händler und Krämer und Kaufleute, gar die Trödler zu einem Patron und dieser selbst zu einem weiteren Personalausweis kam, bestehend aus drei stilisierten goldgelben Broten.

Auch für die zu Unrecht Verfolgten scheint Nikolaus sich wirkmächtig eingesetzt zu haben. Überliefert ist, dass Kaiser Konstantin eines Tages drei Feldherren mit ihren Truppen in die Provinz entsendet, wo sie einen Aufstand niederschlagen sollen. Wegen eines Sturms müssen ihre Schiffe einen Hafen aufsuchen; so legen sie denn in der Nähe von Myra an.

Dort kommt es zu Tumulten unter der besorgten Bevölkerung, die befürchtet, die Soldateska könnte die Kirchen plündern und den Markt leer räumen. Da lädt Nikolaus, ganz Diplomat, die drei Heerführer in sein Haus ein und bewirtet sie. So hofft er zu erreichen, dass sie ihre Truppen hindern, in der Stadt zu marodieren. Während des Essens ereilt den Bischof die

Nachricht, dass der korrupte Statthalter, die herrschende Verwirrung ausnutzend, im Begriff sei, drei rechtschaffene Männer hinzurichten und sich deren Reichtum anzueignen. Nikolaus eilt zum Richtplatz und kommt gerade rechtzeitig, um dem Henker das Schwert zu entreißen.

Die drei Feldherren mit ihrem Heer indessen setzen ihre Reise fort. Nach ihrer Rückkehr vom Feldzug werden sie aufgrund einer Verleumdung verhaftet. Im Gefängnis rufen sie im Gebet den Bischof um Hilfe an.

Noch in derselben Nacht erscheint Nikolaus sowohl dem Kaiser als auch dem Stadtpräfekten, der für die Intrige verantwortlich ist, im Traum. Beide kanzelt er nach Strich und Faden ab, droht ihnen gar mit Unbill und Schande, sogar mit Krieg, und dass sie den wilden Bestien zum Fraß vorgeworfen werden, falls die drei Unschuldigen nicht freikommen. Zutiefst beeindruckt von der Macht des Gottesmannes, von dem er noch nie etwas gehört hat, lässt der Kaiser die Gefangenen frei.

Wunderbar mag es erscheinen, dass hier (wie in manchen Legenden überhaupt) Botschaften mittels Traumgesichten ausgetauscht werden. Aber was blieb den Leuten damals anderes übrig, als Skype und WhatsApp noch nicht erfunden waren – von Konferenzschaltungen gar nicht erst zu reden. Weil diese Dinge in ausweglosen Situationen auch heute oft nicht weiterhelfen, nehmen noch immer viele der zu Unrecht Angeklagten oder fälschlich Verurteilten Zuflucht zum Myraner.

Dass der auch zum Patron der Feldherren und Heerführer und der Gefangenen aufrückte, verdankt er der Legende.

Nicht nur um das leibliche, auch um das geistliche Wohl seiner Landsleute machte Nikolaus sich verdient. Besonders ärgerniserregend erschien ihm, dass insbesondere die bäuerliche Bevölkerung außer an Gott Vater, Sohn und Geist nach wie vor auch an die alten Wider- und Abergötter glaubte. So scheinen manche der Jagd- und Waldgöttin Artemis mehr Vertrauen entgegengebracht zu haben als dem dreifaltigen Christengott. Nur nebenher sei angemerkt, dass dem Verfasser der *Legenda aurea* hier ein weiterer Lapsus unterlaufen ist, der die Zweifel an dieser Geschichte hochgradig verstärkt; er verwendet für die Göttin nämlich den lateinischen Namen Diana, obwohl man in Myra griechisch sprach und deshalb nicht zu Diana, sondern zu Artemis betete. Um den unheilvollen Aberglauben auszurotten, lässt Nikolaus einen der Diana geweihten Baum umschlagen. Erbost über die Zerstörung rächt die Göttin sich, indem sie ein Öl herstellt, das wider alle Gesetzmäßigkeit sogar im Wasser brennt. Verkleidet als fromme Frau übergibt sie dieses einigen Seeleuten, die zu Schiff nach Myra pilgern. Die sollen nach ihrer Ankunft die Wände der Kirche mit dem Öl bestreichen, damit diese in Flammen aufgeht (was sie natürlich nicht sagt). Unterwegs kreuzt ein kleines Boot mit Nikolaus an Bord ihren Kurs. Der Heilige warnt die Pilger und fordert sie auf, das Öl ins Meer zu gießen. Sie gehorchen, und, siehe da, plötzlich steht die Wasseroberfläche in Flammen.

Was der Legendenschreiber nicht bedachte: Indem er von Diana derart Übles berichtet, bezeugt er doch gerade, dass die Göttin wirklich existiert. Damit entlarvt sich die *Legenda* unbewusst selbst als Fabeldichterin.

Misstrauen gegenüber der *Legenda* scheint auch bei einigen weiteren von ihr kolportierten Geschichten angebracht.

Es gilt dies unter anderem für die Sache mit dem Kelch, den ein Mann anfertigen ließ, um ihn Nikolaus darzubringen. Weil ihm das Trinkgefäß überaus wohlgefällt, gibt er ein neues, billigeres in Auftrag. Während der Überfahrt nach Myra bittet er seinen Sohn, mit dem ersten Kelch etwas Wasser aus dem Meer zu schöpfen. Dabei fällt das Kind über Bord und versinkt in den Wellen. Als der Vater nach seiner Ankunft in Myra den zweiten nachgebildeten Kelch auf den Altar der Nikolauskirche stellen will, knallt dieser immer wieder auf den Boden. Da taucht unvermittelt der Sohn mit dem ersten Kelch in der Kirche auf und berichtet, dass der heilige Nikolaus ihn gerettet habe, worauf der Vater beide Kelche stiftet. Die Moral von der Geschichte: Krämerseelen und Pfennigfuchser sind Nikolaus ein Gräuel.

Bei dieser einen Totenerweckung bleibt es nicht. Berichtet wird, dass ein Mann jedes Jahr dem heiligen Nikolaus zu Ehren ein Fest feiert. Das reizt den Teufel, der als Pilger verkleidet an der Tür des Mannes um Geld bittet. Nachdem der Sohn kurz ins Haus gegangen ist, um ein Almosen zu holen, ist der Pilger verschwunden. Der Sohn eilt ihm nach und holt ihn ein, worauf der Teufel ihn erwürgt. Als der Vater von der Tat erfährt, fragt er den Heiligen, ob das der Lohn für seine Verehrung sei. „Solcher Worte sprach er viel; unter dem tät der Knabe seine Augen auf, als ob er aus einem Schlaf erwache, stund auf und war gesund."

Irgendwann spürt auch die *Legenda*, dass das Publikum sich zu langweilen beginnt, wenn es allzu fromm zugeht. Weshalb sie sich entschließt, die Leser oder Zuhörerinnen mit einem Schwank oder einer Posse zu unterhalten. Das Stücklein handelt von einem Christen, der von einem Juden Geld borgt und nachher schwört, es zurückgezahlt zu haben. Bevor er seinen Eid ablegt, hat der Christ das geliehene Geld in einem ausgehöhlten Stock versteckt. Während des Schwurs bittet er den Juden, den Stock so lange zu halten. Der Jude gibt den Stab zurück und bleibt geprellt. Auf dem Nachhauseweg wird der Christ von einem Wagen überfahren und stirbt. Bei dem Unfall zerbricht der Stock, und der Jude erkennt die Arglist. Die umstehenden Leute fordern ihn auf, das Geld zu nehmen. Der erklärt sich einverstanden unter der Bedingung, dass Nikolaus den Christen wieder zum Leben erweckt. Was denn auch geschieht. Dass der Jude am Ende die Taufe empfängt, ist so selbstverständlich, dass die Legende dies nicht eigens hätte erwähnen müssen.

Mitunter gelingt es den Erfindern von Wundererzählungen (oder sagen wir besser: von wunderlichen Geschichten), ihr Publikum bei der Stange zu halten, indem sie Erbaulichkeit und Gruseln unter einen Hut bringen. Exemplarisch dafür ist die Episode von den getöteten und anschließend von Nikolaus ins Leben zurückgerufenen fahrenden Scholaren, die im 12. Jahrhundert entstanden sein dürfte und die dem Verfasser der *Legenda aurea* wohl nicht bekannt war. Eines Abends bitten die drei Studenten einen gottlosen Gastwirt um Nachtquartier. Weil der Wirt Wertsachen bei ihnen vermutet, bringt er sie kurzerhand um. Um die Leichen loszuwerden und darüber hinaus noch einen satten Gewinn einzuheimsen, zerstückelt er sie und pökelt die Fleischbrocken in einem Fass ein. Durch einen Engel erfährt der heilige Nikolaus von der Untat, macht sich zu dem Gastwirt auf und sagt ihm die Tat auf den Kopf zu. Anschließend erweckt Gott auf seine Fürbitte hin die Scholaren zum Leben.

Auf diese Weise kam Nikolaus zu einem weiteren Erkennungszeichen, bestehend aus einem Bottich mit drei Knaben. Dass ihn aufgrund dieser Legende die Wirte, Weinhändler und Fassbinder, die Metzger (!) gar zu ihrem Schirmherrn erwählten, mutet schon fast makaber an. Darüber hinaus verhalf dieses Schauermärchen auch den Studierenden zu einem Patron. Den haben sie jeweils zu Anfang Dezember gebührend gefeiert. Im Mittelalter war die Vorweihnachtszeit insbesondere der Glaubensunterweisung der Jugend gewidmet. So lag es denn nahe, die inzwischen erworbenen Kenntnisse am Patronatsfest der Scholaren abzufragen. Bei dieser Gelegenheit wurden Lob oder Rüge nicht nur verbal, sondern auch in Form von Geschenken oder Strafen verteilt. Auf solches Examinieren gehen übrigens die früher in Südwestdeutschland, im Vorarlbergischen und in einigen Gegenden der Schweiz verbreiteten ‚Klausenhölzer' zurück. Es handelt sich dabei um Holzstäbe, auf denen die Kinder ihre guten Taten mittels einer Kerbe festhielten, sodass der Nikolaus am 6. Dezember feststellen konnte, was sie so an Verdiensten auf dem Kerbholz hatten.

Da cosa nasce cosa, sagen die Italiener und meinen damit, dass jede Sache eine andere nach sich zieht. Das ist auch hier der Fall. Im späten 13. Jahrhundert entstand in Klosterschulen der Brauch, am Nikolaustag einen Schüler zum ‚Bischof' beziehungsweise zum ‚Abt' wählen zu lassen, ihn mit entsprechenden Gewändern auszustatten und ihm für einen Tag einen Teil der bischöflichen Amtspflichten zu übertragen. Dagegen wurden schon früh kritische Stimmen laut. Aber erst die Reformation und später die Aufklärung setzten diesem Unsinn im 18. Jahrhundert ein Ende.

Kaum bekannt ist, dass Nikolaus auch den Dieben – allerdings nur den reumütigen – *und* ihren Opfern zur Seite steht. Auch dieses Patronat geht auf eine Erzählung aus der *Legenda aurea* zurück. Ein Ungläubiger gelangt in den Besitz eines Bildes des heiligen Nikolaus. Nachdem er bestohlen wurde, droht er dem Heiligenbild Prügel an. Um zu verhüten, dass sein Bildnis zerstört wird, erscheint Nikolaus den Dieben und veranlasst sie zur Rückgabe ihrer Beute.

Dass ausgerechnet Räuber und Diebinnen, ja überhaupt Verbrecher Nikolaus zu ihrem Fürsprecher und Patron erkoren, passt besser zu ihm als alle übrigen auf Legenden basierenden Patronate. Weil er am Ende nämlich selbst Opfer eines sorgfältig ausgeklügelten Diebstahls wurde.

Damit bewegen wir uns endlich wieder auf historischem Boden.

Nach Nikolaus' Tod wurde sein Leichnam in Myra beigesetzt. Natürlich hielt man sein Grab wie das vieler anderer Kirchenführer in Ehren. Ein eigentlicher Kult setzte allerdings erst im 6. Jahrhundert ein, und zwar vorwiegend im Osten. Immer mehr Kirchen wurden nach ihm benannt. Je bekannter er wurde, desto mehr Gläubige pilgerten zu seinem Grab, weil sie sich so größere Chancen auf Erhörung ihrer Anliegen versprachen. In der westlichen Kirche fand der Kult erst im Hochmittelalter so richtig Verbreitung, und zwar dermaßen, dass Nikolaus zeitweise der meistverehrte Heilige war.

Wie es dazu kommen konnte, macht der Sarkophag augenscheinlich, in dem Nikolaus ursprünglich bestattet war. Der (wenn es denn der echte ist!) präsentiert sich den Besuchenden heute mit einer aufgebrochenen Seitenplatte – vom Inhalt findet sich nicht die geringste Spur. Und das hat Gründe.

Um die zu verstehen, bedarf es eines weiteren kleinen Exkurses – nämlich über das Reliquienwesen.

Bekanntlich vermag man die Aufmerksamkeit anderer leichter auf sich zu lenken, wenn man sich in ihrer Nähe aufhält. Diese banale Erkenntnis zeitigte auch im religiösen Bereich Auswirkungen, insbesondere was den Heiligenkult betraf. Viele Gläubige, die schon einmal auf Pilgerfahrt gewesen waren, hegten das Verlangen, sich in der Nähe eines Wallfahrtsortes niederzulassen, um später im Umkreis eines Heiligengrabes zur letzten Ruhe gebettet zu werden; auf diese Weise vermeinten sie, sich der Fürsprache ihrer Patrone und Fürsprecherinnen beim Jüngsten Gericht eher versichern zu können. Aber längst nicht alle konnten sich diesen Wunsch erfüllen. Also musste man eben den umgekehrten Weg gehen und möglichst viele sterbliche Überreste von Heiligen in die Nähe des eigenen Wohnsitzes überführen.

So entstanden durch die *Umbettung (exhumatio)* und Übertragung *(translatio)* von Reliquien immer neue Kultstätten. Auf die Übertragung folgte die *elevatio*, die *Erhöhung* der Reliquien, die man in der Nähe des Altars oder über dem Altar deponierte – woraus sich die Redewendung ableitet *jemanden zur Ehre der Altäre erheben*.

Praktisch ging es darum, die Heiligen sozusagen in Hörweite zu haben, wenn man sie mit Bitten bestürmte. Und in Reichweite. Denn damaligem Glauben entsprechend besaßen ihre sterblichen Überreste eine *virtus*, eine Kraft, die sie weiterverströmten, wenn man sie oder ihren Sarkophag oder ihren Schrein berührte. Deshalb ist es nur zu verständlich, dass der Besitz von *reliquiæ*, will sagen von den Überresten der Heiligen, nicht nur große geistliche, sondern auch mancherlei zeitliche Vorteile garantierte.

Als sich im 11. Jahrhundert der Ruf des heiligen Nikolaus als mächtiger Fürsprecher und Beschützer auch im Westen immer mehr verbreitete, verfielen im Jahr 1087 zwei Priester im apulischen Bari auf den Gedanken, dem als so wirkkräftig gepriesenen Gottesdiener in ihrer Stadt ein neues Dach über dem Kopf zu verschaffen. Dazu bedurfte es präziser und ausgeklügelter Vorbereitungen. Schließlich war es kein einfaches Unterfangen, einen Leichnam beziehungsweise dessen Überreste aus der Kirche von Myra zu entführen. Aber hier scheint das Sprichwort tatsächlich zuzutreffen, welches besagt: Wo ein Wille ist, ist auch ein Weg. Und dieser Weg führte, wie zwei voneinander unabhängige zeitgenössische Quellen bezeugen, erst einmal übers Wasser.[9]

Im April 1087 waren die Vorbereitungen zu dem widerrechtlichen Unternehmen so weit vorangeschritten, dass der kriminelle Plan umgesetzt werden konnte. Gleich drei Schiffe, beladen mit Korn und anderen Handelswaren, stachen von Bari aus in Richtung Antiochien in Syrien in See. Beabsichtigt war, die Gebeine des Heiligen auf dem Hin- oder auf dem Rückweg an Bord zu schaffen und sie nach Bari zu bringen. Nun kursierte aber damals in Antiochien das Gerücht, dass auch die Venezianer unterwegs seien, um das Nikolausgrab zu leeren. Also machten sich die Seeleute von Bari schleunigst auf den Rückweg, legten im Hafen von Andriake an und schickten zwei Spione, die sich als Pilger ausgaben, nach Myra. Die wussten zu berichten, dass ein großer Teil der Bevölkerung sich in die Berge geflüchtet hatte, weil gerade wieder einmal ein Überfall seitens der Türken drohte. Was uns erneut an ein Sprichwort erinnert, nämlich, dass des einen Leid des anderen Freud ist. Auf dem Schiff wurden Wachen aufgestellt. 47 Mann gingen an Land, heuchelten sich als Pilger in die Kirche, überwältigten die wenigen anwesenden Mönche, erbrachen das Grab, hüllten die Gebeine in Tücher und flüchteten zurück aufs Schiff. Dass sich zwei Geistliche unter der Besatzung befanden, erlaubt den Rückschluss, dass der Bischof von Bari in die Sache eingeweiht war. Profitieren von dem Unternehmen wollten auch einige Matrosen, denen es gelang, sich einzelner Knochenpartikel zu bemächtigen. Der daraufhin einsetzende furchtbare Sturm wurde als Strafe des heiligen Nikolaus für dieses frevlerische Tun gedeutet. Sobald die entwendeten Knochensplitter wieder mit den übrigen Gebeinen vereint waren, legte sich der Sturm. Am 9. Mai traf die kleine Flotte in Bari ein – den Jubel der Bevölkerung vermögen sich selbst jene vorzustellen, denen es an Fantasie gebricht.

Das Freudengeschrei artete schnell in wüste Streitreden aus. Noch am Hafen kam es zu massiven Ausschreitungen. Die einen wollten die kostbaren Reliquien zur Kathedrale bringen, während andere den Bau einer eigenen Kirche forderten. Schließlich einigte man sich auf einen Kompromiss. Bis das neue Gotteshaus errichtet war, sollten die Reliquien im Benediktinerkloster gehütet werden. Doch als der Bischof von einer längeren Reise zurückkam, wollte er die Gebeine mit Gewalt in seine Bischofskirche bringen lassen. Die Getreidehändler und Schiffsleute ihrerseits bestanden auf der mit den Benediktinern getroffenen Vereinbarung und widersetzten sich den bischöflichen Kampfhähnen; es gab Tote, und da erst lenkte der Bischof ein.

Noch im selben Jahr begann man mit dem Bau der neuen Kirche. Schon am 1. Oktober 1089, nach Vollendung der Krypta, deponierte Papst Urban II. dort die geraubten Gebeine. Vollendet wurde die Basilika erst hundert Jahre später. Aber da war aus dem Bischof von Myra längst Nikolaus von Bari geworden. Und die, die seine Gebeine ‚übertragen' haben (wie man später, die Missetat beschönigend, sagte), konnten ihr Gewissen damit beruhigen, dass vom heiligen Bischof in Myra wohl nichts übrig geblieben wäre, wenn die Reliquien in türkische Hände gefallen wären.

Brauchen wir noch zu sagen, dass sich Bari ganz schnell zu einer Pilgerstätte entwickelte, die sich, wie kaum eine andere, großen Zulaufs erfreute?

In der Folge breitete sich der vor allem von der östlichen Kirche gepflegte Nikolauskult auch im Westen rasant aus. Überliefert ist das Bekenntnis eines mittelalterlichen Nikolaus-Fans: „Selbst wenn ich tausend Münder und tausend Zungen hätte, wäre es mir nicht möglich, alle Heiligtümer aufzuzählen, die zu Ehren des heiligen Nikolaus errichtet wurden."

Und heute? Tatsache ist, dass Nikolaus sich im Lauf der letzten anderthalb Jahrhunderte vom Heiligen zum Konsumapostel entwickelt hat. Statt wie in Vorzeiten mit irgendwelchen Mirakeln aufzutrumpfen, wirkt er inzwischen kräftig mit am Wirtschaftswunder. Die bischöfliche Mitra, untrügliches Zeichen seiner Würde, ist zu einer knallroten Mütze verkommen – der Weiheträger als Weihnachtsmann. Der wiederum tritt je nach Region als Väterchen Frost in Erscheinung, als Babbo Natale auch, als Santa Claus – und dokumentiert so die fortschreitende Säkularisierung unserer Gesellschaft.

1875 suchte der ehemalige Bischof von Myra in Amerika die Familien erstmals als Father Christmas auf Rollschuhen heim, um Geschenkbestellungen aufzunehmen.

Zwanzig Jahre später kurvte er in einem damals hochmodernen Automobil durch die Straßen, um für dieses neumodische Gefährt zu werben.

1931 bemächtigte sich der Coca-Cola-Konzern seiner. Auf der entsprechenden Werbeanzeige präsentierte er sich allerdings so, als würde er lieber Whisky konsumieren.

Die in der Folge einsetzende rasante weltweite Kommerzialisierung des Gedenktags des Heiligen führte immer weiter weg von dem anfänglich religiösen Brauchtum und dessen liturgischen Ursprüngen.

So verwundert es denn nicht, dass seit einigen Jahren außer dem Weihnachtsmann auch die Weihnachtsfrau unterwegs ist. Die trägt zwar keinen Bart, dafür zeigt sie Beine.

Da kehren wir am Ende doch lieber zu den legendären Ursprüngen zurück – meist ist es ja der letzte Eindruck, der zählt.

Wenn Gebet, dann Gebet – wenn Rebhuhn, dann Rebhuhn

WENN BUSSPREDIGER SICH ALS GESUNDHEITSAPOSTEL BETÄTIGEN

Am 20. September 1575 hatte der heilige Karl Borromäus, seit fünfzehn Jahren Kardinal und Erzbischof von Mailand und gefürchtet wegen seines kompromisslosen Einsatzes für eine eiserne Kirchenzucht, wieder einmal seinen strengen Tag. Nachdem er in Bergamo ein Frauenkloster visitiert hatte, sah er sich zu etlichen Rügen veranlasst. Aus seinem abschließenden Bericht (publiziert im Jahr 1937 von Angelo Roncalli, dem späteren Papst Johannes XXIII.) geht hervor, dass er vor allem am Verhalten einer gewissen Schwester Valeria Anstoß nahm:

> Leider mussten Wir feststellen, dass besagte Schwester offenbar eine unglückselige Neigung zum Hamstern an den Tag legt. In der Tat hatte sie hinter ihrer Schlafstelle größere Mengen an Esswaren und andere Dinge versteckt. *Ex nunc* verfügen Wir daher, dass sie von ihrer Zelle in den gemeinschaftlichen Schlafsaal hinüberwechselt und dort verbleibt, bis der hochwürdigste Bischof etwas anderes verfügt. *Item* verfügen Wir außerdem, dass sie sich unter keinen Umständen in der Nähe der Klosterpforte aufhalten darf. Jeder Kontakt mit der Außenwelt ist ihr strengstens untersagt, und zwar für die nächsten drei Jahre – oder auch länger, falls es dem hochwürdigsten Bischof geboten erscheint. *Item* untersagen Wir ihr für die kommenden drei Jahre, die Küche zu betreten. Jede Missachtung dieses Verbots ist mit einer Kerkerstrafe von jeweils einer Woche zu ahnden. Außerdem ordnen Wir

> an, dass besagte Schwester während der ganzen folgenden Woche in Gegenwart der anderen Nonnen ihre Mahlzeiten kniend in der Mitte des Speisesaals einzunehmen hat. Nach Ablauf dieser Frist soll sie während eines Jahres jeweils am Freitag auf oben genannte Weise ihre Mahlzeiten zu sich nehmen.

Angesichts derartiger ans Sadistische grenzender Disziplinarmaßnahmen erscheinen die etwas ungewöhnlichen Ratschläge, die der heilige Alfons von Liguori den Gesponsen Jesu fast zweihundert Jahre später erteilte, von geradezu umwerfender Hochherzigkeit. Im Jahr 1761 nämlich veröffentlichte der damals 29-jährige Gründer der Redemptoristen (‚Kongregation des Allerheiligsten Erlösers'), der später die katholische Moraltheologie nachhaltig beeinflussen sollte, unter dem Titel *Die wahre Braut Christi* eine Art Sittenspiegel für Nonnen. Nicht nur von Gebet und Meditation und von der Beherrschung der Sinne ist da die Rede, sondern – wen wundert's? – auch von der selbst in Frauenklöstern grassierenden Gaumenlust.

> Setzen wir also alles daran, um uns von diesem viehischen Laster nicht besiegen zu lassen! Gewiss müssen wir uns ernähren, um unser Leben zu erhalten. Indessen weist schon der heilige Augustinus darauf hin, dass wir die Speisen wie eine Arznei behandeln sollen; er ermahnt uns, nur gerade so viel zu essen, als nötig ist. Wer seinen Leib mit Speisen beschwert, ist wie ein vollgeladenes Schiff, das nur mühsam vorankommt.
>
> Die beste Abtötung besteht darin, sich jener Speisen zu enthalten, die einem schmecken, aber der Gesundheit schaden, wie etwa das Frühobst. Außerdem rate ich, das Jahr über auf einige Arten von Obst gänzlich zu verzichten, ein oder zweimal während der Woche überhaupt kein Obst zu essen und die übrigen Tage sich die eine oder andere von den bei Tisch aufgetragenen Früchten zu versagen. Von leckeren Speisen möge man allenfalls ein wenig versuchen. Lobenswerter jedoch wäre es, sie zurückzuweisen unter dem Vorwand, dass sie einem nicht bekommen. Beherzigenswert ist auch der Rat des heiligen Bernhard, von seinem Lieblingsgericht nur wenig zu kosten. Das Verlangen zu trinken sowie den Wunsch,

> die vorgesetzte Mahlzeit sogleich zu verspeisen, soll man bezwingen. Insbesondere die jungen Klosterschwestern ermahne ich, auf Wein, Branntwein und Liköre zu verzichten.
> Die hier genannten Entsagungen verleiten nicht zum Hochmut, noch schaden sie der Gesundheit. Überdies ist es nicht notwendig, sie alle gleichzeitig auf sich zu nehmen. Eine jede verzichte lediglich auf das, was die Mutter Oberin oder der Beichtvater für richtig finden. Schließlich ist es besser, häufig auf kleine Dinge zu verzichten, als bloß gelegentlich große Opfer zu bringen.[10]

Viel pragmatischer und prägnanter hört sich da der Rat der heiligen Teresa von Ávila an, als es darum ging, das Gleichgewicht zwischen Genuss und Askese zu definieren. Als eine bigotte Dame sie einst beim Verzehr eines Rebhuhns überraschte und ihr deswegen einen missbilligenden Blick zuwarf, sagte die große Mystikerin bloß: „Wenn Gebet, dann Gebet; wenn Rebhuhn, dann Rebhuhn."

Angesichts der teilweise wunderlichen und in gesundheitlicher Hinsicht eher fragwürdigen Ansichten des heiligen Alfonso darf man nicht vergessen, dass dieser kein Ernährungswissenschaftler, sondern Bischof und Moraltheologe war. Außerdem handelt es sich nicht um Vorschriften, sondern lediglich um Empfehlungen für Nonnen, die obendrein noch ermahnt werden, in Sachen Speiseenthaltung nichts zu unternehmen, ohne sich vorher mit der Mutter Oberin oder mit ihrem Beichtvater abzusprechen.

Bleibt nur zu hoffen, dass diese mehr von gesunder Ernährung verstanden als ihr geistlicher Berater.

Der gute Wirt

WARUM DIE LIEBE DEN EINEN DURCH DEN MAGEN UND ANDEREN AUF DIE NERVEN GEHT

Wenn wir in einer Barockkirche die zahlreichen Abbilder jener betrachten, die es im Reich Gottes zu etwas gebracht haben, stellen wir fest, dass fast alle mit einer Beigabe ausgestattet sind. Einige tragen Mitren, andere halten einen Krummstab in der Hand oder einen Kelch oder schwenken einen Palmwedel. Männer präsentieren sich mit einem Haarkranz auf dem sonst kahl geschorenen Kopf, Frauen tragen manchmal eine goldene Krone ... Es handelt sich dabei um sogenannte Heiligenattribute, die den Betrachtenden bedeuten, dass sie es bei der dargestellten Person mit einem Bischof oder Abt (Mitra, Krummstab), mit einem Priester oder Mönch (Kelch, Tonsur), mit einer Blutzeugin oder einem Märtyrer (Palmzweig) oder mit einer heiliggesprochenen Königin (Krone) zu tun haben. Solche eher allgemeine Kennzeichen genügen aber oft nicht, um einen Diener oder eine Dienerin Gottes zu identifizieren – es gibt ja unzählige Ordensleute, Königinnen, Bischöfe, Märtyrer und Blutzeuginnen. Also musste man ihren Personalausweis mit weiteren Symbolen ergänzen. Die zu diesem Zweck verwendeten Sinnbilder und Zeichen stehen zumeist in Verbindung mit Ereignissen aus ihrem Leben. So genügen eine Mitra und ein Bischofsstab nicht, um den heiligen Bischof von Mailand zu kennzeichnen. Wenn aber zu seinen Füßen noch ein Bienenkorb zu sehen ist, steht die Identität zweifelsfrei fest. Dieses Attribut verdankt Ambrosius einer Legende, der zufolge seine *Sermones* der Mailänder Bevölkerung lieblicher schmeckten denn Honig. Ähnliches wird übrigens auch von dem Prediger und Marienverehrer Bernhard von Clairvaux berichtet, der mit dem Ehrentitel *Doctor mellifluus*, honigfließender Lehrer, bedacht wurde.

Der heilige Goar, dem wir uns nunmehr zuwenden, wird zumeist mit einer Hirschkuh, einer Schlange oder aber mit einem Milchtopf, gelegentlich mit der nach ihm benannten Kirche dargestellt – alles Dinge, die auf seine ‚Biografie' verweisen.

Dabei würde eher ein abgebräuntes Stück Leberkäse oder ein voller Bierkrug zu ihm passen. Allenfalls auch eine Tafel mit der Inschrift *Die Nächstenliebe geht durch den Magen*.

Viel weiß man nicht über ihn. Der Überlieferung nach entstammte Goar einer vornehmen Familie. Nach dem Empfang der Priesterweihe wanderte er um 511, im Alter von zweiundzwanzig Jahren, an den Rhein und ließ sich mit Genehmigung des Bischofs von Trier an der Stelle nieder, wo später eine Stadt nach ihm benannt und zu seinen Ehren eine Kirche erbaut wurde. Eigentlich gedachte er sein Leben als Einsiedler in Gebet und Meditation zu verbringen. Gott jedoch hatte anderes mit ihm vor. Immer wieder lenkte er die Schritte von Wallfahrern und Pilgerinnen, von fahrendem Volk und von Hungerleidern und Kranken und überhaupt vom Leben oder vom Schicksal Gebeutelter zu seiner Klause. Goar, einsichtig genug, um darin einen Wink des Höchsten zu erkennen, hörte geduldig zu, was diese ihm zu berichten wussten, wobei er nicht an frommen Ratschlägen und aufmunternden Worten sparte. Wohl wissend, dass ein Seelentrost erst wirklich wirkt, wenn auch der Leib zu seinem Recht kommt, ließ Goar es nicht bei erbaulichen Reden bewenden, sondern hielt für seine Gäste auch eine körperliche Stärkung bereit. Er verköstigte sie mit dem, was fromme Seelen ihm zu seinem eigenen Überleben in seine Einsiedelei geschafft hatten.

Das muss sich schnell herumgesprochen haben. Dass Goar sich nicht nur als frommer Seelenhirt, sondern auch als fröhlicher Schankwirt erwies, hat ihm manchen Ärger eingebracht. Der steigende Zulauf jedenfalls bewirkte, dass ein paar Neider unter den Klerikern Übles über den gastfreundlichen Gottesmann verbreiteten: Er sei ein Schwelger und Saufaus, der seine Eremitenzelle zur Zechstube gemacht habe, wo er sich bei Bier und Wein mit gemeinem Lumpengesindel verbrüdern würde. Diese boshaften Stimmen, die der Wind schließlich auch dem Bischof Rusticus von Trier ins Ohr blies, veranlassten diesen, eine Untersuchung einzuleiten.

Bevor wir über den Ausgang des Verfahrens berichten, möchten wir daran erinnern, dass auch andere Heilige es verstanden, sich zwischen Kochherd und Esstisch unentbehrlich zu machen, insbesondere in südlichen Regionen. Dort gehören zum Josefstag am 19. März unbedingt die *Fritelle di San Giuseppe*, ein Gebäck aus Mehl, Milch, Eiern und Zucker. Da feiert man am 5. Februar das Fest der heiligen Agatha mit einem Marzipangebäck, den *Olivette di Sant'Agata*. Da fiebern vor dem 24. Juni, dem Gedenktag des heiligen Johannes des Täufers, Hunderte von Familien den Johannisschnecken entgegen, die mit Knoblauch und Tomatensoße zubereitet werden. Wenn man gar noch die Weine miteinbezieht, sitzt südlich des Gotthardgebirges mindestens jeden dritten Tag irgendein Heiliger mit zu Tisch. So wird ein hervorragender Rotwein aus der Emilia-Romagna nach Johannes dem Täufer *Sangiovese* benannt, ein trockener Rebensaft aus Apulien ist unter der frommen Bezeichnung *San Severo* im Handel, ein vollmundiger Chianti trägt den Namen *Santa Cristina*, ein Dessertwein aus der Toskana nennt sich *Vin santo*, und ein schwerer Tropfen von den Hängen des Vesuvs wird auf dem Etikett als *Lacrima Christi*, als „Jesusträne" deklariert, was teutonische Theologiestudenten in Rom seit Menschengedenken dazu veranlasst, ein lateinisches Bonmot zu kolportieren: „*Cur, Christe, non lacrimasti etsi in Germania* – warum nur, o Jesus, hast du nicht auch in Deutschland geweint?" Das alles zeigt: Der Weg zu Gott führt mitunter auch durch die Küche.

Höchste Zeit, dass wir uns wieder mit dem heiligen Goar und der von Bischof Rusticus veranlassten Inquisition befassen.

Rusticus bemüht sich nicht selbst um einen Augenschein, sondern schickt zwei Beamte vor. Beamte? Eigentlich handelt es sich um Spione. Wie alle seine Gäste bewirtet Goar sie aufs Köstlichste. Die beiden lassen es sich schmecken. Aber statt Anerkennung erntet Goar höhnische Kommentare. Ob er das Eremitendasein nicht mit dem Leben im Schlaraffenland verwechsle? Früher habe man Gott mit Beten und nicht mit dem Bauch gedient! Und Fasten nicht durch Festivitäten ersetzt!

Dann ziehen die beiden ab. Um zu demonstrieren, was gottgefällig ist, weisen sie die von Goar angebotene Wegzehrung schroff zurück. Ihr Beispiel soll dem verweichlichten Eremiten als Exempel dienen.

Goar indessen, besorgt um ihr Wohl, folgt ihnen. Und siehe da, nach mehrstündigem Ritt – die Sonne brennt und die Hitze steigt – vermeinen die beiden Spitzel zu verdursten. Sie flehen Goar, der sie inzwischen eingeholt hat, um Hilfe an. Der wiederum bittet Gott um Beistand. Worauf drei Hirschkühe durch das Dickicht brechen und sich melken lassen.

Und Bischof Rusticus? Zeigt sich ob der Nachricht von der wunderbaren Errettung seiner Agenten unbeeindruckt. Schenkt dem schändlichen Gerede um den frommen Einsiedler immer noch Glauben. Staucht den Gottesmann nach Strich und Faden zusammen. Weil er selbst weder wohlschmeckende Mahlzeiten noch gastliche Bewirtung schätzt.

An dieser Stelle zeigt sich, dass die Legende mehr Gerechtigkeitssinn an den Tag legt als die Wirklichkeit. Unter dem Vorwand, Goar zu rehabilitieren, lässt sie ihren Rachegelüsten freien Lauf.

In dem Augenblick nämlich, als der Bischof Goar zur Schnecke macht, lässt sie einen Diener mit einem vor der Kirchtür ausgesetzten Säugling hereintreten. Was Rusticus auf den Gedanken bringt, ein Gottesurteil heraufzubeschwören: „Wenn du, Goar, uns die Mutter dieses Kindes nennen kannst, bist du ein Heiliger. Wenn nicht, stehst du mit dem Teufel im Bund."

Statt an den Bischof wendet sich Goar an das Neugeborene: „Wer sind deine Eltern?"

Da öffnet der Säugling seinen Mund und sagt: „Meine Mutter heißt Flavia und mein Vater ist der Bischof Rusticus."

Worauf der Bischof sein Amt niederlegt und sein Vergehen auf die Art sühnt, die er bislang für einen Eremiten für angemessen hielt: mit Abtötung und Fasten.

Goar hingegen erfreute sich schon bald nach seinem Tod eines hohen Ansehens bei Winzern und Gastwirten, die ihn zu ihrem himmlischen Schutzherrn erkoren.

Von Bischof Rusticus hingegen spricht heute niemand mehr. Dies vor allem deshalb, weil in Trier nie ein solcher residierte. Seine Existenz verdankt er lediglich der Legende.

Wenn Lüstlinge lügen

WARUM KEUSCHHEIT SICH LOHNT

Dass die Bibel auch veritable Kriminalgeschichten überliefert, dürfte längst nicht allen bekannt sein. Eine davon handelt von der arglosen Susanna (Dan 13,1–64).

Deren Mann Jojakim wird wegen seiner Gerechtigkeit gerühmt, was den Rückschluss erlaubt, dass er seinen Reichtum auf redliche Weise erwarb. Unter seinen Landsleuten ist er nicht nur geachtet, sondern auch beliebt. Weil er der Angesehenste ist, finden die Zusammenkünfte der Juden zumeist in seinem Haus statt, zu dem auch ein weitläufiger mit Bäumen und Büschen bepflanzter Garten und ein Brunnen mit Wasserbecken gehören.

Zu den regelmäßigen Besuchern in Jojakims Haus zählen zwei Älteste, die zu Richtern über das Volk bestellt sind. Wie um die Leser bei Laune und die Zuhörerinnen in Atem zu halten, berichtet der Erzähler gleich vorab, dass von den beiden gilt, was der Prophet Jeremia schon Zeiten zuvor gesagt hat, nämlich dass die Ungerechtigkeit von Babylon ausgeht (Dan 13,5; vgl. Jer 29,22–23).

Einen weiten Weg braucht die Ungerechtigkeit in diesem Fall nicht zurückzulegen; wir befinden uns bereits in dieser verruchten Stadt. Dorthin ist seinerzeit ein Großteil der Juden aus Palästina verschleppt worden.

Die unter den Jahwegläubigen anfallenden Rechtshändel werden in der Regel im Haus des Jojakim verhandelt, sodass die beiden Ältesten dort fast täglich verkehren. Dabei entgeht ihnen nicht, dass Susanna sich nach der Mittagszeit im Garten auszuruhen pflegt. Je öfter sie sie dabei beobachten, desto mehr meldet sich das Begehren nach ihr. Allein schon ihr Anblick wird ihnen zur Qual. Beiden ergeht es gleich, aber das verbirgt jeder vor dem anderen. „Denn sie schämten sich darüber, dass sie so begierig waren, mit ihr zusammen zu sein" (Dan 13,11).

Eines Tages nun – das Gezänk zwischen den Parteien ist halbwegs beigelegt – lässt sich Susanna nicht blicken. Die beiden Alten zögern die Rückkehr hinaus; das häusliche Mahl mit der Ehefrau kann warten, während sie hoffen, dass Susanna doch noch erscheint. Sie tauschen Belanglosigkeiten aus, reden über dies und diskutieren über jenes, hören gar nicht richtig hin, was der andere sagt, weil sie beide nur an eines denken, nämlich dass dieser Tag ein verlorener Tag ist, wenn sie Susannas nicht ansichtig werden. Schließlich verabschieden sie sich dann doch voneinander und begeben sich auf den Nachhauseweg.

Kaum dass der Erste um eine Ecke biegt und sich in einem Gässchen verdrückt, kehrt der andere um und schleicht sich in Jojakims Garten. Wie er um sich blickt, sieht er zu seinem Entsetzen, dass sein Kollege ebenfalls zurückgekehrt ist.

Wenn die Dinge so liegen, ist Verlegenheit unangebracht. Also, denken beide, versuchen wir's eben zu zweit. Kooperation ist oft lohnender als Konkurrenz. Weil Susanna sich immer noch nicht blicken lässt, geht jeder seines Weges.

Am folgenden Tag schleichen sie sich erneut in den Garten und verstecken sich hinter den Büschen. Die Hitze ist so groß, dass Susanna sich entschließt, ein Bad zu nehmen. Um ungestört zu sein, verriegelt sie das Tor. Da treten die beiden Lüstlinge auf sie zu und reden Klartext: „Sei uns zu Willen und gib dich uns hin! Weigerst du dich, dann bezeugen wir gegen dich, dass ein junger Mann bei dir war" (Dan 13,19–20).

Wenn Susanna ihrem Gatten treu bleibt und dem Drängen der Alten nicht nachgibt, werden diese sie des Ehebruchs bezichtigen und der Steinigung überantworten. Geht sie auf ihr Ansinnen ein, versündigt sie sich gegen ihren Mann und gegen

Gott. Wie aber könnte sie weiterleben mit einer solchen Schuld? Nicht einen Augenblick denkt sie daran, dem Begehr der Alten nachzugeben, und ruft um Hilfe. Gleichzeitig beginnen auch die beiden Alten zu schreien. Der eine, der noch besser auf den Füßen ist, hastet zum Gartentor und öffnet es – und schon eilt das Gesinde herbei. Die Bediensteten tun beileibe nicht so, als würden sie den beiden Richtern nicht glauben. Wie man sich in Menschen doch täuschen kann!

Nur zu gern würden wir erfahren, wie Susannas Gemahl Jojakim reagiert, als er vom angeblichen Ehebruch seiner Frau erfährt, und wie Susanna ihn von ihrer Unschuld zu überzeugen versucht. Darüber verliert der Erzähler kein Wort. Er lässt lediglich durchblicken, dass Jojakim den Verleumdern Glauben schenkt.

Am folgenden Morgen findet das Gerichtsverfahren statt. Susanna wird hergebracht. Aus Scham, aber mehr noch aus Angst, der Schande anheimzufallen, erscheint sie verschleiert. Begleitet wird sie von ihren Eltern, ihren Kindern und allen Verwandten.

Die zwei Alten bestehen darauf, dass sie den Schleier lüftet, damit sie sich, so der Erzähler, an ihrer Schönheit weiden können (Dan 13,32). Das Gesinde bekundet Entsetzen, die Angehörigen sind betreten.

Während Susanna zum Himmel blickt – was bleibt ihr anderes übrig? –, beschuldigen die beiden Richter sie des Ehebruchs. Die Versammelten glauben ihnen. Susanna wird zum Tod verurteilt.

Es ist nicht Kommissar Zufall, der die Angelegenheit nochmals aufgreift und weitere Nachforschungen anstellt, sondern ein junger Mann namens Daniel, der ums Jahr 605 v. Chr. zusammen mit anderen wohlhabenden jungen Männern aus Israel nach Babylonien verschleppt wurde und am königlichen Hof Karriere macht, ohne jedoch seinen Gott zu verleugnen. Hauptamtlich ist er mit Regierungs- und Verwaltungsangelegenheiten betraut. Wenn die Zeit es zulässt oder die Situation es erfordert, beschäftigt er sich mit Prophezeien und Traumdeutereien, wodurch er einige Berühmtheit erlangt.

Dieser gebildete Hofbeamte schlüpft erst in die Rolle des Ermittlungsbeamten, als Susanna zur Richtstätte gebracht wird. Wegen Daniels hoher Stellung wagen es die zwei gewissenlosen Richter nicht, ihn niederzuschreien.

Zunächst befiehlt Daniel den Anwesenden, an den Ort des Gerichts zurückzukehren. Dort beginnt er seine Auslassungen mit einer Standpauke an die Versammelten. Töricht, ja tumb seien sie allesamt, mehr noch, mauleselmäßig würden sie sich verhalten, bestrafen müsste man *sie*, ja, sie alle und unterschiedslos, wegen liederlichen und grob fahrlässigen Vorgehens und Verhaltens! Wann jemals hat man vernommen, dass auf eine Anklage ein Urteil erfolgte ohne Prüfung der Beweise? Beweise für die Schuld der Angeklagten stehen doch aus! Die wären hier offenzulegen, sollten denn welche gefunden werden. Jetzt aber, sagt er, führt die beiden Ankläger ab, trennt sie voneinander und bewacht sie! Dann wollen wir sehen, ob sie ihre Anschuldigung beweisen und die Angeklagte überführen können. Und jetzt wollen wir uns den Ersten der beiden vornehmen und ihn verhören.

Zimperlich geht Daniel nicht um mit dem Alten, über dessen Lebensumstände er vermutlich informiert ist. Jedenfalls wirft er ihm gleich zu Beginn vor, Sachverhalte verfälscht und das Recht gebeugt zu haben. Nun soll er sagen, unter welchem Baum Susanna sich mit ihrem jungen Liebhaber vergnügte.

Unter einer Zeder.

Wegschaffen soll man den Mann und den anderen vorladen! Auch ihn fragt Daniel, unter welchem Baum er das Liebespaar ertappt habe.

Unter einer Eiche haben sie es getrieben.

Begreift ihr noch immer nicht, wendet sich Daniel an seine Landsleute, dass diese beiden verlogenen Wüstlinge nicht nur hinter Susanna, sondern gewiss auch hinter euren Töchtern her waren.

Das letzte Wort in dieser Geschichte soll dem Erzähler gehören:

> Da schrie die ganze Gemeinde laut auf und pries Gott, der alle rettet, die auf ihn hoffen. Dann erhoben sie sich gegen die beiden Ältesten, die Daniel durch ihre eigenen Worte als falsche Zeugen entlarvt hatte. Das Böse, das sie ihrem Nächsten hatten antun wollen, tat man nach dem Gesetz des Mose ihnen an: Man tötete sie. So wurde an jenem Tag unschuldiges Blut gerettet. Hilkija und seine Frau priesen Gott wegen ihrer Tochter Susanna, ebenso ihr Mann Jojakim und alle Verwandten, weil sich zeigte, dass sie nichts Schändliches getan hatte. Daniel aber gewann seit jenem Tag und auch weiterhin beim Volk großes Ansehen (Dan 13,60–64).

Ende gut – alles gut.

Abgesehen von ihrer religiösen Bedeutung gilt die Susanna-Geschichte auch in der Entwicklung der Rechtsprechung als wegweisend, weil sie den noch heute wichtigen Grundsatz der unabhängigen Zeugenbefragung betont.

Auf den frühchristlichen Katakombenmalereien tritt Susanna zumeist als betende Frau in Erscheinung. Später, in der karolingischen Buchmalerei, begegnen wir ihr in Bibeln und Stundenbüchern, wo sie als Angeklagte Gott bestürmt oder sich als Freigesprochene beim Allmächtigen für ihre Errettung bedankt. Vom 16. bis zum 20. Jahrhundert zeigen die Künstler sie vorzugsweise im Bad. Damit dient ausgerechnet die auf ihre Keuschheit bedachte Frau als Vorwand, die weibliche Nacktheit auf voyeuristische Weise ins Bild zu setzen. Und zieht damit noch heute die Aufmerksamkeit alter Lüstlinge auf sich.

Immerhin hat es die standhafte Susanna in den Heiligenkalender geschafft; Susannas liturgischer Gedenktag fällt auf den 25. September. Begangen wird er allerdings nur von der äthiopisch-orthodoxen Kirche. Was nicht ausschließt, dass alle Frauen, die unter unsittlichen Nachstellungen leiden, sich an sie wenden dürfen: *Sancta Susanna ora pro nobis!*

Ein Gott zum Davonlaufen?

WESHALB WIR UNS WUNDERN, DASS EIN MIESEPETRIGER PROPHET ALS HEILIGER GILT

Wenn Gottes Wort auf Menschen trifft, sind diese meist zutiefst betroffen. Verblüfft auch, konsterniert, gar fassungslos. Oft auch zaudernd und zagend. Oder widerborstig.

Als Gott Mose beauftragt, die Israeliten von der Sklavenherrschaft aus Ägypten zu befreien, reagiert dieser mit dem Hinweis, dass er dazu nicht der richtige Mann sei (Ex 3,10–11). Gleiches wird überliefert von Jesaja, der mittels einer Vision zum Propheten berufen wird. „Da sagte ich: Weh mir, denn ich bin verloren …“ (Jes 6,5). Einer ähnlichen Ausflucht bedient sich auch Jeremia: „Ach, Herr und Gott, ich kann doch nicht reden, ich bin ja noch so jung“ (Jer 1,6).

Fast immer reagieren die Berufenen zögerlich, bevor sie endlich doch noch einwilligen, die für sie vorgesehene Aufgabe zu übernehmen. Sie suchen sich ihrer Sendung zu entziehen, nicht weil sie sich aus der Verantwortung stehlen wollen, sondern aus Unsicherheit oder aus Angst, dem göttlichen Auftrag nicht zu genügen.

Ganz anders Jona, als Gottes Stimme in seinem Ohr (oder in seinem Inneren) widerhallt.

> Das Wort des Herrn erging an Jona, den Sohn Amittais: Mach dich auf den Weg und geh nach Ninive, der großen Stadt, und rufe über sie aus, dass ihre Schlechtigkeit zu mir heraufgedrun-

> gen ist. Jona machte sich auf den Weg; doch er wollte nach Tarschisch fliehen, weit weg vom Herrn. Er ging also nach Jafo hinab und fand dort ein Schiff, das nach Tarschisch fuhr. Er bezahlte das Fahrgeld und ging an Bord, um nach Tarschisch mitzufahren, weit weg vom Herrn (Jona 1,2–3).

Jona zögert nicht wie andere vor und nach ihm. Jona *flieht* vor Gott.

Wieso entzieht er sich Gottes Auftrag? Mag der Erzähler sich auf das Dass beschränken, ist das sein gutes Recht, aber ein schlechter Dienst, den er uns leistet; uns interessiert das Warum. Wir fragen nach dem Weshalb und Wozu, suchen nach Gründen und Hintergründen. Die erste bei solchen Nachforschungen übliche Regel – *Cherchez la femme!* – greift hier nicht; es findet sich diesbezüglich weder eine leise Anspielung noch eine verwischte Spur. Es muss ein anderes Motiv vorliegen. Oder gibt es gar deren mehrere?

Darüber haben sich schriftkundige Geister seit jeher den Kopf zerbrochen.[11] Bei den Rabbinen ist gelegentlich davon die Rede, dass Jona floh aus Liebe zu seinem Volk. Denn sollten die Heiden sich tatsächlich bekehren, so stünde das bisweilen aufmüpfige Israel schlecht da vor seinem Gott. Dies wollte der Prophet unter allen Umständen verhindern; oder sollte das einsichtige Ninive am Tag des Gerichts womöglich als Zeuge auftreten gegen Israel?[12]

Einen ganz anderen Grund für die Flucht nennt der jüdische Friedensnobelpreisträger Elie Wiesel. Es war nicht der Nationalstolz, sondern pure Menschenliebe, die den Propheten veranlasste, sich dem heiklen Auftrag zu verweigern.

> Er will die Drohung nicht überbringen, so als ob er Gott sagen wollte: „[...] Du sagst dem Menschen: Sei gerecht oder geh zugrunde! Weißt du nicht, dass diese Wahl unmenschlich ist? [...] Warum verurteilst du Ninive zum völligen Untergang?“ Jona flieht vor Ninive aus übergroßer Liebe zu den Menschen.[13]

BESTELLCOUPON

Expl.	Titel	Preis (zzgl. Porto)

☐ **Ja, ich möchte über Aktuelles aus dem Verlag Friedrich Pustet informiert werden und abonniere den Newsletter an folgende E-Mail-Adresse:**

E-Mail

Name, Vorname

Straße

PLZ, Ort

Datum, Unterschrift

Unsere Digitale Bibliothek ist online!

- **Volltextrecherche in unserem kompletten Buch- und Zeitschriftenprogramm.**
- **Abo- und Bestellservice aller digitalen Inhalte zum sofortigen Download.**

digibib.verlag-pustet.de

VERLAG
FRIEDRICH
PUSTET

Verlag Friedrich Pustet
D-93008 Regensburg
verlag-pustet.de

Telefon 0941 / 92022-0
Telefax 0941 / 92022-330
bestellung@pustet.de

Prospekt »Theologische Sach- und Fachbücher« | Stand: Juli 2023 | Titelbild: Konzil von Nizäa (wikimedia.commons) | Irrtum und Änderungen vorbehalten | Gestaltung: martinveicht.de

Offensichtlich laufen derlei Mutmaßungen, Erklärungen oder Behauptungen darauf hinaus, aus dem übellaunigen und widerborstigen Jona einen Helden zu machen, der entweder aus Liebe zu Israel (so die Rabbinen) oder aus Liebe zur Menschheit (so Wiesel) nicht davor zurückschreckt, sich sogar mit Gott anzulegen.

Ist Jona wirklich ein Held?

Tatsache ist, dass er sich entschließt, Gott aus dem Weg und eigene Wege zu gehen.

„Jona ging also nach Jafo hinab …“ Ähnlich wie ein Komponist in einer Sinfonie zu Beginn eines Satzes das Leitmotiv anklingen lässt, das er in der Folge immer wieder variiert, enthält diese Einleitung zum nächsten Abschnitt der Jona-Geschichte einen Leitgedanken, den der Erzähler schrittweise immer deutlicher entfaltet. Um vor Gott und dessen Auftrag und so vor sich selbst zu fliehen, begibt sich Jona hinab an den Hafen von Jafo. Aber es ist dies die falsche Richtung. Denn wie der Verlauf der Geschichte zeigt, geht es fortan stets nur noch abwärts mit dem Propheten.

Kaum ist das Schiff in See gestochen, schickt Gott einen gewaltigen Sturm. Die Seeleute, überzeugt, dass Gott wegen der Schuld eines Passagiers das Schiff zum Sinken bringen werde, werfen das Los, um den Schuldigen zu finden.

Das Los fällt auf Jona.

Der leugnet nicht; er gesteht sogar, dass er vor Gott auf der Flucht ist. Er bittet die Matrosen gar darum, ihn ins Meer zu werfen. Und Gott? Um Jona eine weitere Chance zu geben, schickt dieser einen großen Fisch, der ihn verschlingt. Und der Sturm flacht ab.

Damit hat Jona den Tiefpunkt erreicht. Gleich drei Mal hintereinander ist im hebräischen Originaltext ausdrücklich von einem Abstieg die Rede, und jedes Mal verwendet der Verfasser das Zeitwort *ird* (hinabgehen). Zunächst geht Jona zum Hafen hinab (1,3). Dann geht er in das Schiff hinab (1,3). Kaum auf dem Schiff, geht er hinab in den Schiffsbauch, und zwar in den untersten Raum (1,5). Aber selbst jetzt gelingt es ihm, noch weiter hinabzusteigen, indem er sich in den Schlaf flüchtet. Anschließend wird Jona im Meer versinken und von einem Fisch verschlungen werden. Jetzt erst wird ihm so richtig bewusst, dass er, obwohl noch am Leben, gar nicht mehr lebt: „Bis zu den Wurzeln der Berge bin ich hinabgestiegen" (2,7). An dieser Stelle gebraucht der Erzähler zum vierten Mal das Verb *ird* (hinabsteigen), gerade so, als wolle er auch den Begriffsstutzigsten noch zu verstehen geben, dass die Flucht vor sich selbst unweigerlich hinabführt in die düsterdunklen Höhlen der Totenwelt.

Drei Tage krümmt sich der Prophet im Bauch des Fisches. In seiner Not wendet er sich an Gott, der allein ihm noch helfen kann. Ausgerechnet dieser Gott, dem er davongelaufen ist, soll jetzt herbeieilen und ihm, da er die Hosen voll hat, aus der Patsche helfen.

Not lehrt beten? Welch kümmerlicher Glaube, der Gott erst dann bemüht, wenn man am Ende ist, und ihm jetzt alles Mögliche verspricht, wie die Fischer in Napoli, wenn der Kutter unversehens von hohen Wellen geschüttelt wird (*Dio, se mi salvi ti prometto un candelotto, grande come l'albero della nave* – ach Gott, lass mich am Leben, dann stifte ich dir eine Kerze, größer als der Schiffsmast!). Ein ähnliches Matrosengelübde legt auch Jona ab in seiner Not: „Ich aber will dir, Gott, opfern und laut dein Lob verkünden. Was ich gelobt habe, will ich erfüllen" (2,10).

Da speit der Fisch Jona an Land.

Statt auf die Erfüllung des Gelübdes zu warten, wartet Gott mit einem neuen Auftrag auf. Jona soll sich endlich aufmachen nach Ninive und der Stadt ein göttliches Strafgericht androhen für den Fall, dass sich die Bevölkerung nicht bekehrt. Also begibt Jona sich nach Ninive und tut, was Gott befohlen. Noch vierzig Tage, verkündet er, und Ninive wird zerstört werden.

Was weiter geschieht, lassen wir uns vom Erzähler berichten.

> Die Leute von Ninive glaubten Gott. Sie riefen ein Fasten aus und alle, Groß und Klein, zogen Bußgewänder an. Als die Nachricht

> davon den König von Ninive erreichte, stand er von seinem Thron auf, legte seinen Königsmantel ab, hüllte sich in ein Bußgewand und setzte sich in die Asche. Er ließ in Ninive ausrufen: Befehl des Königs und seiner Großen: Alle Menschen und Tiere, Rinder, Schafe und Ziegen, sollen nichts essen, nicht weiden und kein Wasser trinken. Sie sollen sich in Bußgewänder hüllen, Menschen und Tiere. Wer weiß, vielleicht reut es Gott und er lässt ab von seinem glühenden Zorn, sodass wir nicht zugrunde gehen. Und Gott sah ihr Verhalten; er sah, dass sie umkehrten und sich von ihren bösen Taten abwandten. Da reute Gott das Unheil, das er ihnen angedroht hatte, und er tat es nicht (3,5–10).

Der kurze Sermon – „Noch vierzig Tage, und Ninive ist zerstört!" – geht Jona offenbar nicht so glatt von der Zunge wie das Gotteslob im Bauch des Fisches.

Eigentlich müsste Jona entgegen dem Wortlaut seiner eigenen Vorhersage geradezu *hoffen*, dass Jahwe die Stadt Ninive verschont. Unmöglich kann der Prophet übersehen, dass die von Gott gesetzte Frist die Aussicht auf eine Aufhebung der Sanktion beinhaltet.

Warum denn sollte Gott, der den widerborstigen Jona aus den Untiefen des Meeres zurückholte ins Land der Lebendigen, sich nicht umstimmen lassen angesichts der Sinnesänderung der Niniviten, die sogar ihren Tieren ein Fasten auferlegen? Nichts jedoch befürchtet Jona mehr als das! Sollten die Niniviten sich tatsächlich bekehren, wird er, der den Untergang der Stadt vorhergesagt hat, als Prophet nicht mehr ernst genommen.

Nicht einen Deut grämt sich Jona um die Auslöschung einer ganzen Stadt; er denkt allein an seine Reputation. Deshalb kann er es nicht verwinden, dass Gott nicht nur Israel am Herzen liegt, sondern das Heil aller Menschen. Dabei schafft er es, seine eigene Person auf eine Weise ins Spiel zu bringen, als sei er das Maß aller Dinge und die Achse der Welt. Wie sehr er von sich eingenommen ist, zeigt sich erst, wenn wir den hebräischen Text wörtlich übersetzen:[14] „Ach Jahwe, das war ja *mein* Gedanke, als *ich* noch in *meiner* Heimat war. Eben darum wollte *ich* ja nach Tarschisch fliehen, denn *ich* kannte dich ja. [...] Und nun, Jahwe, nimm doch *mein* Leben von *mir*, denn es ist besser, dass *ich* tot bin, als dass *ich* lebe" (4,2–3).

Um Jona mit sich selbst zu versöhnen, lässt Gott einen Rizinusstrauch wachsen, der seinen „Ärger vertreiben soll" (wörtlich übersetzt: „um ihn herauszureißen aus seiner Bosheit"; 4,6). Tatsächlich zeigt sich der Prophet beglückt über das Gewächs. Im kühlen Schatten – ohne Bild: im Frieden mit der Welt und mit sich selbst – könnte er sich des Lebens erfreuen. Für ihn bedeutet das: sich ergötzen am Untergang einer ganzen Stadt und am Elend der Bewohner.

Noch immer hat er nicht begriffen, wie erbärmlich sein Groll ist angesichts Gottes Erbarmen, sodass dieser sich genötigt fühlt, ihm eine Lehre zu erteilen. Am folgenden Morgen schon schickt Gott einen Wurm, der die Wurzel des Strauches annagt, und, als die Sonne zu brennen beginnt, einen heißen Wind. Nicht ohne Genugtuung berichtet der Erzähler, wie uneinsichtig der Prophet reagiert.

> Die Sonne stach Jona auf den Kopf, sodass er fast ohnmächtig wurde. Da wünschte er zu sterben und sagte: Es ist besser für mich zu sterben als zu leben. Gott aber sagte zu Jona: Ist es recht von dir, wegen des Rizinusstrauches zornig zu sein? Er antwortete: Ja, es ist recht, dass ich zornig bin und mir den Tod wünsche. Darauf sagte der Herr: Du hast Mitleid mit einem Rizinusstrauch, für den du nicht gearbeitet und den du nicht großgezogen hast. Über Nacht war er da, über Nacht ist er eingegangen. Soll ich da nicht Mitleid haben mit Ninive, der großen Stadt, in der mehr als hundertzwanzigtausend Menschen leben, die zwischen rechts und links nicht unterscheiden können – und außerdem so viel Vieh (4,8–11).

Einem Menschen, der derart von sich eingenommen ist, kann selbst Gott nicht mehr helfen.

Die Jona-Erzählung führt uns drastisch vor Augen, welch triste Existenz Menschen führen, die dermaßen auf sich selbst fixiert sind, dass ein saurer Wein oder ein verlegter Lippenstift sie mehr beschäftigt als die Krebserkrankung ihrer Freundin oder der Freitod des Ehepartners.

Offensichtlich überliefert das Jonabüchlein keine historischen Ereignisse. Dem Urteil der Schriftgelehrten zufolge handelt es sich um eine *Lehrschrift,* die darlegen will, dass Gott das Heil aller Menschen am Herzen liegt. Damit erübrigt sich die Frage, wie ein Mensch es schafft, drei Tage im Bauch eines Fisches zu überleben.

Erstaunlich ist jedoch, dass sämtliche christlichen Kirchen einen gottesflüchtigen Missgünstling wie Jona ins Verzeichnis der Heiligen eingeschrieben haben. Das gehört wohl zu jenen Mysterien, die man bloß zur Kenntnis nehmen, aber niemals begreifen kann.

Amore sacro und amore profano

WIE EINE HEILIGE ZUR HURE WURDE

NEIN, HIER WURDE NICHTS VERWECHSELT. Mit diesem Untertitel hat es schon seine Richtigkeit. Wer sich in der Geschichte der Heiligen ein wenig auskennt, wundert sich nicht darüber, dass Liebesdienerinnen sich gelegentlich in Reuerinnen wandelten – was unter anderem der zypriotischen Königstochter und späteren Märtyrerin Afra von Augsburg († 304) oder der alexandrinischen Venusjüngerin und nachmaligen Eremitin Maria von Ägypten († um 421/430) nachgesagt wird. Dass aber eine fromme Jesusgefährtin zur Dirne wurde, dürfte in der christlichen Hagiografie einmalig sein; aber gehen wir der Reihe nach vor.

Die Rede ist von Maria Magdalena.

Über sie wissen die Evangelisten nur wenig zu berichten, aber dieses wenige ist vielsagend. Lukas erwähnt, dass Maria zusammen mit einigen anderen Jüngerinnen Jesus zeitweise Gefolgschaft leistete und ihn und die Seinen materiell unterstützte. Einigen dieser Jüngerinnen wird nachgesagt, dass Jesus sie von Abergeistern befreite oder von Krankheiten heilte (Lk 8,2–3).

Bei Markus gehört die aus dem Städtchen Magdala stammende Maria zu jenen Frauen, die nicht nur bei der Kreuzigung Jesu, sondern auch bei seiner Grablegung anwesend sind und später die Botschaft von seiner Auferstehung bezeugen (Mk 15,40–41.47). Dass die Verfasser des Matthäus- und des Lukasevangeliums (Mt 27,55–56.61; Lk 23,49.55 [vgl. 8,2–3!]; 24,10) darin übereinstimmen, verwundert nicht weiter; der Markustext diente ihnen als wichtigste Quelle und Vorlage.

Auch dem Johannesevangelium zufolge ist Maria aus Magdala bei der Kreuzigung Jesu dabei (Joh 19,25), nicht aber bei der Beisetzung. Außerdem begibt sie sich hier zunächst als Einzige zum Grab Jesu, wo ihr das Geschenk einer Erscheinung des auferweckten Christus zuteilwird.

Diese spärlichen Nachrichten in den Evangelien erlauben es uns nicht, die Lebensgeschichte der Magdalenerin nachzuzeichnen, und schon gar nicht, sie mit dem Rotlichtmilieu in Verbindung zu bringen. Dennoch wurde diese Frau schon früh das Opfer eines bedauernswerten Missverständnisses und damit gleichzeitig eine ideale Projektionsfigur für frauenverachtende Männerfantasien *und* für emanzipatorische Frauenträume. Wie kam es dazu?

Gemäß einer rabbinischen Überlieferung soll das Städtchen Magdala wegen „Hurerei" der Bevölkerung zugrunde gegangen sein.[15] Das mag mit ein Grund sein, warum die aus diesem Ort stammende Maria schon bald mit der anonymen Sünderin gleichgesetzt wurde, von der Lukas erzählt, kurz bevor er auf Jesu Jüngerinnen zu sprechen kommt (Lk 7,37–39).

Jesus ist bei dem Pharisäer Simon zu Gast. Während des Mahls betritt eine stadtbekannte Sünderin das Haus, nähert sich Jesus, kniet vor ihm nieder, benetzt seine Füße mit ihren Tränen, trocknet sie mit ihrem Haar und salbt sie mit wohlriechendem Öl. Was der Pharisäer missbilligt, weil Jesus doch wissen müsste, in welch üblem Ruf diese Frau steht. Den vorwurfsvollen Blick Simons kontert Jesus mit dem berühmten Ausspruch: „Ihr sind ihre vielen Sünden vergeben, weil sie viel geliebt hat" (Lk 7,47). Worauf er der Frau ihre Schuld vergibt. Worum es sich dabei handelt, verschweigt der Evangelist. Zu der Reminiszenz, dass die Stadt Magdala angeblich an der Unzucht der Bevölkerung zugrunde ging, und zu der missverstandenen Äußerung Jesu, dass die Frau, die ihn im Haus des Simon umhegte, „viel liebte", passt jene Bemerkung, die Lukas wenige Zeilen später fallen lässt, nämlich dass Jesus die Magdalenerin von sieben Dämonen befreite (Lk 8,2). Was schon bald dazu führte, die *namenlose Sünderin*, die Jesus im Haus des Pharisäers aufsuchte, mit Maria aus Magdala zu identifizieren.

Den entscheidenden Ausschlag für diese Gleichsetzung gab ein Passus, der sich einzig im Johannesevangelium findet. Darin ist nachzulesen, dass Jesus bei Lazarus von Betanien und seinen beiden Schwestern Marta und Maria zu Gast weilt. Während Marta bei Tisch bedient, salbt seine Schwester *Maria* Jesu Füße mit einem ganzen Pfund kostbarsten Nardenöls und trocknet sie anschließend mit ihrem Haar (Joh 12,3). Die Ähnlichkeit zwischen dieser Szene und der Episode im Haus des Pharisäers Simon vor allem hat dazu beigetragen, dass man in der reumütigen Frau aus dem Lukasevangelium die Schwester des Lazarus erkannte; aus Maria von Magdala wurde Maria von Betanien.

Maßgebend für die definitive Identifikation der Magdalenerin mit der unbekannten Sünderin im Lukasevangelium war schließlich ein Papst, nämlich Gregor der Große († 604), der diese Gleichsetzung in mehreren Predigten gleichsam amtlich machte. Gleichzeitig lässt er durchblicken, dass die ihr angedichteten Verfehlungen zweifellos sexueller Natur waren.[16]

Allerdings liegt es ihm fern, die Frau zu verteufeln. Deutlich geht das aus einem persönlich gehaltenen Brief an eine kaiserliche Kammerfrau hervor, die sich aus Sorge um ihre ewige Seligkeit an ihn wandte und die der Papst nun mit dem Verweis auf das Beispiel der Magdalenerin tröstet:

> Ein Weib, das in den Strudel der Sünde gestürzt war, wird durch die Gnade auf den Schwingen der Liebe in die Höhe getragen. […] Und ich vertraue darauf, dass aus dem Mund der ewigen Wahrheit das gleiche Urteil über Euch gesprochen werde, wie einst über diese heilige Frau.[17]

Mit anderen Worten: Auch die sich meilenweit von Gott entfernt haben, brauchen um ihr Seelenheil nicht zu zittern, wenn sie es nur der Sünderin aus Magdala gleichtun und ihre Vergehen bereuen und büßen. Fortan wird die Magdalenerin geradezu zum Prototyp des sündigen Menschen, dem trotz aller nur möglichen Verirrungen die Rettung nicht versagt bleibt. Gleichzeitig wird damit deutlich, warum die *Sünderin* Magdalena *auch* eine so gewaltige Faszination ausübte: nicht weil hier „eine bestimmte Frau abgewertet, sondern weil die Sorge *aller* um ihr Seelenheil entlastet wird".[18]

Eine solche Identifikationsfigur verlangt nach einer Biografie. Weil die Geschichtsforschenden hier nicht weiterwissen, springt, wie in solchen Fällen üblich, die Legende ein. Genauer: die *Legenda aurea*. Was die Geschichte der Magdalena betrifft, hat der Verfasser so ziemlich alle vorher vereinzelt überlieferten Legendenstränge eingearbeitet.

Dabei weiß er nicht nur die Besitzverhältnisse der Magdalenerin *en détail* zu schildern, sondern vermag auch zu erklären, warum die Lazarusschwester Maria von Betanien mit Maria aus Magdala identisch ist. Während die *Historia* verzweifelt die Hände ringt, weil sie keine Möglichkeit sieht, Betanien und Magdala *einer* Person zuzuordnen, meldet sich die *Legenda* mit einer verblüffenden Lösung zu Wort.

> Maria Magdalena ist mit Beinamen genannt von der Burg Magdalum. Sie war von gar edler Geburt, denn sie stammte aus königlichem Geschlecht; ihr Vater hieß Syrus und ihre Mutter Eucharia. Mit ihrem Bruder Lazarus und ihrer Schwester Marta besaß sie die Burg Magdalum, die zwei Meilen ist vom See Gennesaret, und das Dorf Betanien, welches nahe bei Jerusalem ist, und auch einen großen Teil der Stadt Jerusalem. Doch teilten sie alles unter sich also, dass Maria Magdalum besaß, davon ihr auch der Name ward; Lazarus den Teil von Jerusalem; Marta aber Betanien. Da nun Magdalena sich ganz der leiblichen Wollust gab, Lazarus aber der Ritterschaft, so nahm Marta sich des Gutes

> ihrer Geschwister an und regierte es mit großer Weisheit und sorgte für ihre Krieger und Knechte und für die Armen.[19]

Indem der Legendendichter betont, dass die Magdalenerin königlichen Geblüts ist, zeigt er gleichzeitig, dass sie im Lauf der Zeit auf der sozialen Stufenleiter immer höher kletterte. Als Erster wusste Abt Odo von Cluny, der im 10. Jahrhundert eine große Klosterreform einleitete, von der adeligen Abkunft Marias zu berichten.[20] Die Begründung für diesen Ritterschlag zieht er an ziemlich langen Haaren herbei: Herkunftsbezeichnungen („aus Magdala") ließen in jedem Fall auf ein nobles Geschlecht schließen. Der Grund, warum man die später selbst in ihrer Buße noch liebreizende Maria in den Adelsstand erheben ‚musste', war vermutlich ein ganz anderer. Den Hofdamen und Burgfräuleins konnte man kaum zumuten, sich ein biederes Bürgermädchen oder irgendein unbedeutendes Bauerntrampel zum Vorbild zu erwählen.

Gleichzeitig gibt die Legende vor zu wissen, worin die Fehltritte der Magdalenerin bestanden.

> Da nun Magdalena überflüssig reich war, und die Wollust allezeit eine Gesellin ist des Reichtums, sah sie ihre Schönheit und ihren Reichtum an und gab sich gänzlich den leiblichen Wollüsten, also dass sie ihren eigenen Namen verlor und allein die Sünderin wurde genannt.

Irgendwann begegnet sie im Haus des Pharisäers Jesus, der sich ihrer erbarmt.

> Er nahm sie an zu seiner sonderlichen Freundin und machte sie zu seiner Wirtin und zu seiner Schaffnerin auf dem Wege. Er entschuldigte sie allezeit mit großer Liebe: wider den Pharisäer, der sie unrein hatte genannt; wider ihre Schwester [Maria von Betanien], die sie tadelte wegen ihres Müßigganges, wider Judas, der sie eine Verschwenderin hieß. Sah er sie weinen, so weinete er auch.

Das Thema von der Seelenfreundschaft zwischen Jesus und der Magdalenerin findet sich in der einen oder anderen Form schon in mehreren apokryphen Schriften der frühchristlichen Zeit. Das um die Mitte des 2. Jahrhunderts entstandene (nur fragmentarisch erhaltene) *Evangelium nach Maria* behauptet, dass Jesus Maria „mehr liebte“ als alle anderen Jüngerinnen und Jünger.[21] Mit noch präziseren Details wartet das wohl im 3. Jahrhundert in Ägypten verfasste *Philippusevangelium* auf.

> Die Paargenossin Christi ist Maria Magdalena. Der Herr liebte Maria mehr als die Jünger. Und der Herr küsste sie oftmals auf ihren Mund.[22]

Wer mit der gnostischen Literatur der ersten Jahrhunderte vertraut ist, weiß, dass sich das nicht auf sexuelle Erlebnisse, sondern auf spirituelle Erfahrungen bezieht.

Nach der Himmelfahrt Jesu, so fabuliert die *Legenda aurea* weiter, verkauften die drei Geschwister „alles und legten den Erlös zu der Apostel Füßen nieder“ (der Satz findet sich wörtlich in der Apostelgeschichte, an jener Stelle, die vom Leben der ersten Christengemeinden handelt; vgl. Apg 4,34–35). In der Folge empfiehlt der Apostel Petrus Magdalena dem Schutz des seligen Maximinus, angeblich einer der zweiundsiebzig Jünger Jesu. Zusammen mit diesem und einigen anderen Christen werden die drei Geschwister aus Betanien von den Ungläubigen – gemeint sind die Juden – auf ein steuerloses Schiff gesetzt und ins Meer gestoßen, „auf dass sie allesamt untergingen“. Aber durch Gottes Fügung wird das Schiff gen Massilien (Marseille) getrieben. Dort predigt Maria „Christum mit großer Zuversicht“ und erweist sich so als eifrige Apostelin. Aber nicht nur die Nachfolge Jesu, auch Adel verpflichtet. So verwundert es nicht, dass Magdalena den Fürsten der Stadt mittels eines dreimaligen Traumgesichts drängt, sie, ihre beiden Geschwister und die übrigen Reisegefährten an seinem Hof unterzubringen, wo die Apostelin schon bald das Amt einer Schlossverwalterin übernimmt, hatte sie doch durch ihr Gebet bewirkt, dass die Frau des Fürsten endlich schwanger wurde. Dieser Umstand bewegt das Herrscherpaar, von Marseille nach Rom zu reisen, um sich beim heiligen Petrus zu erkundigen, „ob das die Wahrheit sei, was Magdalena von Christo predigte".

Spätestens hier erweckt die *Legenda* den Anschein, als wolle sie beweisen, dass fromme Geschichten zumindest ebenso spannend sind wie profane Erzählungen. Noch während der Überfahrt kommt die Fürstin nieder und stirbt. „Was sollte da der arme Pilgrim tun, da er sein Weib tot liegen sah und sein Kind mit kläglichem Weinen die Brust der Mutter suchen?" Er überredet die Schiffersleute, an einer felsigen Küste anzulegen. Dann hüllt er den Leichnam und das Kind, das er nicht ernähren kann, in einen Mantel, lässt die Mutter mit dem Kind zurück und besteigt wiederum das Schiff.

In Rom trifft der Fürst auf den heiligen Petrus, der ihn nach Jerusalem bringt, um ihm die heiligen Stätten zu zeigen. Nachdem er „also mit Fleiß von Sankt Peter im Glauben unterwiesen" worden war, verlangte es ihn nach zwei Jahren wieder nach seiner Heimatstadt. Unsererseits vermuten wir, dass Gott das Schiff nahe an dem Felsen vorbeilenken wird, auf dem der Regent seine tote Frau und sein Kind ausgesetzt hat. Nachdem sich diese Annahme bestätigt, können wir den folgenden Abschnitt getrost überspringen, da wir ohnehin davon überzeugt sind, dass Maria Magdalena den Knaben auf wundersamste Weise behütet hat. Was der übernächste Passus berichtet, wird uns nach dem, was wir bisher erfahren durften, nicht vom Sessel reißen. Vielmehr wären wir überrascht, wenn die Fürstin jetzt, nachdem sie zwei Jahre auf dem Felsen gelegen, ihre Augen *nicht* öffnen würde. Über dieses Wunder wundern wir uns schon deshalb nicht, weil es uns an eine ähnliche Totenerweckung erinnert, die der in Rom lebende griechische Schriftsteller Philostratos um das Jahr 200 in seiner *Vita des Apollonios von Tiana* diesem in der Antike bekanntesten Thaumaturgen zuschreibt, der übrigens ein Zeitgenosse des Apostels Paulus war.[23] Nicht ganz folgerichtig finden wir es, dass Jacobus de Voragine mit der Schilderung dieser Totenerweckung eine Story kolportiert, die ausgerechnet jenen heidnischen Kreisen entstammt, welche die Magdalenerin in seiner Legende mit aller Wortgewalt bekämpft, übrigens mit Erfolg. Denn die Familie des Fürsten lässt sich taufen, das Volk bekehrt sich zum Christentum, Lazarus wird zum Bischof von Aix „einmütiglich erwählt", der Jesusjünger Maximinus dagegen zum Bischof von Marseille bestellt.

> Maria Magdalena aber begehrte nach himmlischer Beschauung und ging in die raueste Wildnis. Da wohnte sie unerkannt dreißig Jahre an einer Statt, die ihr von Engelshänden war bereitet. An der Statt waren nicht Wasserbrunnen, noch Freude an Bäumen und Gras; daraus sollte erkannt werden, dass unser Herr sie nicht mit irdischer Nahrung wollte sättigen, sondern allein mit himmlischer Speise.

Hatte die Überlieferung, auf die Jacobus de Voragine zurückgreift, sich eben noch einer heidnischen Vorlage bedient, schöpft sie jetzt aus einer christlichen Quelle. Die handelt von einer sagenumwobenen Einsiedlerin namens Maria (!) von Ägypten, deren in Palästina gelegenes Grab seit dem 6. Jahrhundert ein beliebtes Ziel der Heiliglandpilger war. Verlässliches vermochte die Geschichtsforschung über diese rätselhafte Ägypterin bislang nicht zu ermitteln. Die Volksfrömmigkeit hat sie schon früh mit einem Lebenslauf ausgestattet, der später zum Teil ihrer Namensschwester aus Magdala übergestülpt wurde. Wir ersparen uns ausführliche Hinweise darüber, in welchem Ausmaß die Geschichte der Maria aus Ägypten auf anderes Legendengut zurückgeht.[24] Nicht verkneifen können wir uns die Bemerkung, dass die Legendenforscher und -forscherinnen sich da auf Pfaden bewegen, angesichts derer sich die Irrfahrten des Odysseus fast wie ein Sonntagsbummel ausnehmen.

Um es kurz zu machen: Was man von der *Büßerin* Magdalena in Umlauf setzte, beruht zu einem guten Teil auf der

Domenico Tintoretto, Büßende Magdalena. Musei Capitolini, Rom.

Legende von der Ægyptiaca. Im 3. Jahrhundert in Ägypten geboren, entfloh diese im Alter von zwölf Jahren der heimischen Obhut nach Alexandria, um sich dort wenn nicht allen denkbaren, so doch allen *möglichen* Ausschweifungen zu ergeben. Später schloss sie sich auf der Suche nach neuen Abenteuern einer Gruppe von Pilgersleuten an, die sich auf einer Wallfahrt ins Heilige Land befanden. Wie sie die Überfahrt bezahlte, lässt die Legende sie selbst erzählen:

> Als die Schiffersleute mich um den Fährlohn fragten, antwortete ich ihnen: „Den kann ich euch nicht geben, aber nehmt meinen Leib und macht euch mit dem bezahlt." Also nahmen sie mich mit und mein Leib war ihnen das Fährgeld.[25]

In Jerusalem bekehrt sich die Ægyptiaca zum Christentum und zieht sich, versehen mit drei Broten, in die Wüste zurück, um nur mit ihrem Haar bekleidet ganz der Abtötung und der Buße zu leben. Die ersten siebzehn Jahre ernährt sie sich von drei Broten; die folgenden drei Jahrzehnte nimmt sie keine Speise zu sich. Zwölf Monate vor ihrem Tod verirrt sich der betagte Abt Zosimas auf der Suche nach einem der heiligen Altväter an ihren Aufenthaltsort. Nachdem sie ihm ihr Leben erzählt hat, bittet sie ihn, ihr im kommenden Jahr das heilige Sakrament zu bringen; sie werde sich am Gründonnerstag an einer bestimmten Stelle am Jordan einfinden. Auf wunderbare Weise überquert sie an dem vereinbarten Tag den Fluss und empfängt aus Zosimas' Hand den Leib des Herrn. Als der Greis der Büßerin ein Jahr später erneut das eucharistische Brot überbringen will, findet er sie tot. Eine Schrift im Sand offenbart ihm, dass sie vor genau zwölf Monaten verstarb, unmittelbar nachdem er sie aufgesucht hatte. Wie er sich vergeblich bemüht, der Toten mit seinem Wanderstab ein Grab zu bereiten, gesellt sich ihm ein Löwe bei; der hebt mit seinen Vorderpranken die Begräbnisstätte aus. So schließt denn auch diese Legende, wie solche Legenden zu schließen pflegen: „Der Greis aber kehrte in sein Kloster zurück und lobte Gott."[26]

Die Parallelen zwischen Maria Ægyptiaca und der Büßerin Maria Magdalena sind offenkundig. Beiden zerfallen während der Jahre in der Wüste die Kleider, sodass ihr Körper nur noch von ihren Haaren bedeckt ist. Was wiederum auf die Legende der heiligen Agnes zurückverweist, deren Haarknoten sich auf

Magdalena in der Wüste, nur mit ihrem Haar bekleidet. Nikolauskirche in Klerant ob Brixen.

wunderbare Weise löste, nachdem die Schergen ihr die Kleider vom Leib gerissen hatten, sodass ihre langen Locken ihre Blöße bedeckten.

Die Magdalenerin und die Ægyptiaca haben noch mehr gemeinsam. Wie die ägyptische Maria in den letzten drei Jahrzehnten ihres Lebens benötigt auch die büßende Magdalena während ihrer dreißigjährigen Eremitenzeit keinerlei irdische Nahrung. Während Gott jener einen Abt schickt, damit er ihr die Wegzehrung reiche, sendet er dieser einen Priester, ebenfalls nach drei Jahrzehnten. Durch ihn lässt Magdalena Maximinus bitten, er möge sich „für den nächsten Ostertag" vor der Frühmesse in seiner Kirche einfinden.

> Maximinus aber ging an dem Tag und um die Stunde, da ihm geboten war, allein in die Kirche. Da sah er Maria Magdalena allein im Chor der Engel stehen, die sie hatten hergeführt. Sie war aber zwei Ellen hoch aufgehoben von der Erde und stund in der Mitte der Engel und betete mit ausgebreiteten Händen zum Herrn. Da Sanct Maximinus aber fürchtete, zu ihr heranzutreten, sprach sie zu ihm gewendet: „Tritt näher heran, Vater, und fliehe vor deiner Tochter nicht!" Als er aber näher herantrat, da strahlte ihr Antlitz also sehr von dem immerwährenden und täglichen Schauen der Engel, dass man eher in die Sonne hätte sehen mögen, denn in ihr Angesicht. Da rief er den vorgenannten Priester herbei und versammelte den ganzen Klerus, und also empfing Sanct Maria Magdalena aus des Bischofs Händen mit vielen Tränen den Leib und das Blut des Herrn. Darnach streckte sie sich mit ganzem Leib vor die Stufen des Altars, und also fuhr ihre heilige Seele gen Himmel. Als sie tot war, breitete ein solch süßer Duft sich durch die ganze Kirche, dass er noch sieben Tage lang von allen gespürt ward, die in die Kirche traten. Den heiligen Leib bestattete Maximinus mit viel köstlichen Wohlgerüchen [wohlriechenden Kräutern] und großen Ehren und gebot, dass er selber nach seinem Tode neben ihr würde bestattet.[27]

Wie wir bereits gesehen haben, reichen die in den Evangelien enthaltenen Angaben nicht aus, um die Lebensgeschichte der

Magdalenerin zu rekonstruieren. Immerhin aber lassen sie ein paar Details durchscheinen, die einen hohen Grad an historischer Gewissheit beanspruchen können. Zunächst fällt auf, dass Maria oder Mirjam (der Name war damals häufig!) nicht im Hinblick auf einen Mann identifiziert wird, wie andere Frauen aus der Gefolgschaft Jesu („Maria, die Mutter des Joses": Mk 15,47; „Maria, die Mutter des Jakobus": Mk 16,1; „Johanna, die Frau des Chuzas": Lk 8,3), sondern in Bezug auf einen Ort, nämlich Magdala. Das besagt nicht notwendigerweise, dass sie unverheiratet oder geschieden oder verwitwet war, wohl aber ist es ein Indiz dafür, dass sie sich Jesus ohne Partner anschloss. Das Fischerstädtchen Magdala, das ihr zum Namen wurde, lag am Westufer des Galiläischen Meers, wo heute die Ruinen von Migdal verwittern. Der jüdische Geschichtsschreiber Josephus Flavius (37/38–um 100) lässt uns wissen, dass die Einwohnerschaft im Wohlstand lebte und die hellenistische Kultur schätzte und sich dadurch vom gemeinen Volk des Hinterlandes unterschied.[28] Dazu passt, dass Maria vermögend war; sie gehörte ja zu jenen Frauen, die den Wanderprediger aus Galiläa und dessen Jünger finanziell unterstützten. Fest steht auch, dass sie sich Jesus besonders verbunden fühlte, weil dieser sie von einer Krankheit (Depressionen?) geheilt hatte. Als historisch gesichert darf gelten, dass sie unter der Jünger- und Jüngerinnenschar Jesu eine herausragende Stellung einnahm. Das geht daraus hervor, dass die Evangelisten sie, wenn immer von den Frauen aus dem engeren Umkreis Jesu die Rede ist, nicht nur in allen Namenslisten aufführen, sondern sie darüber hinaus immer an erster Stelle nennen. Die einzige Ausnahme bildet die Kreuzigungsszene im Johannesevangelium, wo die Mutter Jesu aus situationsbedingten Gründen vor Magdalena erwähnt wird (Joh 19,25). Gerade in diesem Evangelium aber wird ihr als Erster, vor allen anderen Jüngerinnen und Jüngern, eine Erscheinung des Auferstandenen zuteil. Sie, nicht Petrus ist es, die dem vierten Evangelisten zufolge den Jüngern die Botschaft von der Auferweckung Jesu überbringt.

Sie ist eine (nach dem Johannesevangelium gar *die*) Erstzeugin der Auferstehung Jesu. *Sie* verkündet den Aposteln die Botschaft vom auferweckten Christus. Eben deshalb – so der Philosoph, Theologe und Hymnendichter Petrus Abælardus (1079–1142) in einer Osterpredigt – habe man sie zu Recht als *apostola apostolorum*, als Apostelin der Apostel bezeichnet.[29]

In der Folge wurde die Frau aus Magdala immer wieder von einer Vergangenheit eingeholt, die gar nicht die ihre war. Dies nicht nur in der landläufigen Verkündigung, sondern auch in der Literatur und in Filmen, wo sie vorwiegend als bußfertige Sünderin, als reuige Hure oder als Geliebte Jesu in Erscheinung tritt. Wie weit sich die Vorstellungen von ihr von den Darstellungen in den Evangelien im Lauf der Zeit entfernt haben, wird vor allem in der Malerei deutlich. Im Hochmittelalter entstanden ganze Zyklen zum Leben der Magdalenerin – so etwa jener von Giotto (1267/76–1337) in der Unterkirche der Basilika in Assisi. Mal ist sie nach damaliger Mode bekleidet; dann wieder ist ihr Leib mit langen Haaren bedeckt. In der Spätgotik wird sie auf Darstellungen der Kreuzigung Jesu im Gegensatz zu anderen anwesenden Frauen mit offenen wehenden Haaren gezeigt – eine Anspielung auf ihr angeblich sündhaftes Vorleben. Seit dem beginnenden 16. Jahrhundert wird das Motiv mit der büßenden Eremitin zusehends häufiger. Damit erscheint die nach der ‚Biografie' im vorgerückten Alter Stehende zumeist als jugendliche Frau mit fast nacktem Oberkörper; eine üppige Haarpracht und spärliche Kleidung betonen gerade, was sie zu verbergen vorgeben. Mit fortschreitender Zeit bemühen sich die Künstler immer weniger, die weiblichen Reize zu verhüllen – als Beispiel mag ein Gemälde von Orazio Gentileschi (1563–1639) dienen, auf dem der Unterleib der Büßenden immerhin noch mit einem Mantel bedeckt ist, was auf dem Bild von Jules-Joseph Lefebvre (1834–1912), der sich im Verlauf seines Schaffens immer mehr der weiblichen Aktmalerei zuwandte, nicht mehr zutrifft. Völlig unbekleidet rekelt sich die Magdalenerin in einer Höhle, wobei der Maler im Gegensatz zu Gentileschi sich gar nicht

Orazio Gentileschi, Die büßende Maria Magdalena.

Jules-Joseph Lefebvre, Magdalena in der Höhle.

erst bemüht, den Betrachtenden zumindest einen frommen Vorwand in Form der bislang üblichen Symbole (Totenschädel, Bibel) zu liefern. Stattdessen schmückt er die Umgebung mit Blumen, während die romantisch anmutende Grotte, an der die Frau *sich darbietet*, an einem See liegt. Einzig der Bildtitel *Magdalena in der Höhle* erinnert an die berühmte biblische Gestalt, die hier jedoch eher an ein Pin-up-Girl denken lässt.

Fromme Betrachterinnen werden an dieser Magdalena vermutlich Anstoß nehmen. Und die Betrachter? Für sie verkörpert die laszive Reuerin all das, wovor sie sie eigentlich bewahren sollte. Angesichts dieser *Femme fatale* empfinden sie kein Bedauern über die eigenen Verfehlungen; eher schon bereuen sie, die eine oder andere Gelegenheit zur Sünde verpasst zu haben. Diese Darstellung vermag auf geradezu unerhörte Weise die Fantasie zu stimulieren und beflügelt damit genau das, was der Künstler zu bekämpfen vorgibt, nämlich ein unbändiges Verlangen nach Wollust und den heimlichen Wunsch, diese hemmungslos auszuleben.

Was können wir aus der Geschichte von der angeblichen Reuerin Magdalena lernen? Dass man Verleumdungen nie glauben soll, selbst wenn sie über Jahrhunderte hin kolportiert werden. Dass die Magdalenerin noch heute weithin als einsichtige Sünderin gilt, zeigt gerade, dass nach wie vor zutrifft, was schon im alten Rom als Binsenwahrheit galt: *Audacter calumniare semper aliquid hæret*, nur keck verleumdet – etwas bleibt immer hängen.

Gotteslob unter der Wüstensonne

WARUM VERSTECKENSPIELEN FÜR EINE SENSATION SORGT

Im Jahr 366 steht in Rom wieder einmal eine Bischofswahl an. Zwei Männer, Damasus und Ursinus, streiten sich um den Posten. Eine Minderheit setzt sich für den Diakon Ursinus ein und lässt ihn in der Basilika Santa Maria in Trastevere zum Bischof weihen. Die Mehrheit stellt sich hinter den populären Diakon Damasus. Um seinen Anspruch auf den Bischofsstuhl von Rom durchzusetzen, heuert Damasus einen Schlägertrupp an, der unter den Anhängern des Ursinus ein drei Tage währendes Massaker anrichtet. Am 1. Oktober besetzt Damasus mit seiner Meute die Lateranbasilika und lässt sich zum Bischof von Rom proklamieren. Anschließend veranlasst er den Stadtpräfekten, Ursinus zu verbannen. Es ist dies das erste Mal in der Kirchengeschichte, dass ein Bischof von Rom die weltliche Obrigkeit für seine persönlichen Interessen in Anspruch nimmt. Die Unruhen halten bis zum 26. Oktober an. An diesem Tag stürmen die Leute des Damasus die Basilika Santa Maria in Trastevere, wo die Gefolgschaft des Ursinus Zuflucht gesucht hat. Bilanz dieser gewaltsamen Auseinandersetzung: 127 Tote und der Verlust der Glaubwürdigkeit der Kirche.

Diese Dinge gehen sogar dem freigeistigen Historiker Ammianus Marcellinus (um 330–um 395) ein bisschen zu weit: „Sie brannten in unmenschlicher Gier darauf, sich des Bischofssitzes zu bemächtigen, und bekämpften sich aufs Erbittertste. Ihre

Anhänger lieferten sich regelrechte Straßenschlachten mit Toten und Verwundeten."[30] Irgendwie versteht der Chronist zwar, dass, wer in der Reichshauptstadt Bischof werden will, ein gewisses Durchsetzungsvermögen benötigt, um dieses Ziel zu erreichen. Aber dann kommt's knüppeldick: „Haben sie es erreicht, dann gehen sie einer sicheren Zukunft entgegen. Sie werden reich durch die Spenden adeliger Matronen."

Tatsächlich versteht sich Damasus meisterhaft darauf, wohlhabende Damen und vermögende Witwen in kleinen feinen Zirkeln um sich zu scharen, die ihm, dem geselligen und gern gesehenen Gastgeber, da ein Erbe überschreiben, dort eine Spende zukommen lassen und hier ein Geschenk übergeben, in der Hoffnung, dass vom Glanz dieses anerkannten Gesellschaftslöwen ein kleiner Lichtstrahl auch auf sie abfallen möge.

Ammianus Marcellinus weiß ferner zu berichten, dass auch andere höhergestellte Kleriker den Witwen jeden Alters gern zur Seite stehen, insbesondere, wenn es gilt, ein Testament aufzusetzen. Dass es sich dabei keineswegs um üble Nachrede handelt, geht aus einem Erlass des Kaisers Valentinianus aus dem Jahr 370 hervor, der dem Klerus den Zutritt zu den Häusern der Witwen strikt untersagte. Aber nicht nur Erbschleicherei, sondern auch der prunkvolle Lebensstil der römischen Bischöfe und ihrer Umgebung sind vielen ein Dorn im Auge. Ammianus Marcellinus wundert sich, dass diese Leute jetzt „nur noch im Wagen sitzend in der Öffentlichkeit erscheinen, sie tragen prächtige Kleider und halten üppige Mahlzeiten ab, sodass ihre Gastereien sogar eine königliche Tafel übertreffen". Nicht nur Machtgier und Skrupellosigkeit, sondern auch Luxus und Völlerei wirft der heidnische Chronist den christlichen Würdenträgern in der Hauptstadt vor. Und hält ihnen gleichzeitig das Beispiel der „kleinen Provinzbischöfe" vor Augen, „die sich durch äußerste Bescheidenheit in Speise und Trank der ewigen Gottheit und ihren wahren Verehrern als reine und tugendhafte Männer empfehlen".

Schon ein paar Jahrzehnte vor den von Ammianus Marcellinus geschilderten Ereignissen hatten sich in den großen Städten nicht nur manche ranghohe Kleriker, sondern auch ‚gewöhnliche' wohlbestallte Christenmenschen immer mehr vom Evangelium ab- und der Welt zugewandt.

Dies führte gegen Ende des 3. Jahrhunderts zu einer Gegenbewegung. Damals wurden in Spanien und Gallien, in Italien auch und selbst im entfernten Byzanz immer mehr Christgläubige der dekadenten Zivilisation mit ihrem überzüchteten Lebensstil überdrüssig und zogen sich in die Wüste zurück, um zu Gott und zu sich selbst zu finden. Stille, Gebet, Handarbeit und Fasten, insbesondere aber die frei gewählte Einsamkeit schienen ihnen der geeignete Weg zur Erreichung dieses Ziels.

Als einer der ersten Hauptvertreter dieser neuen Bewegung gilt der Einsiedler Antonius. Der wird um 251 im mittelägyptischen Koma (heute Qiman-el-Arūs) als Sohn wohlhabender christlicher Fellachen geboren. Als er ungefähr zwanzig Jahre alt ist, sterben seine Eltern. Entsprechend dem römischen Recht liegt es jetzt an Antonius, für seine jüngere Schwester zu sorgen. In dieser Zeit hört er in einer Predigt einen Ausspruch Jesu: „Wenn du vollkommen sein willst, geh, verkauf deinen Besitz und gib ihn den Armen; und du wirst einen Schatz im Himmel haben; und komm, folge mir nach!" (Mt 19,21).

Dieses Wort verdirbt ihm die ganze Freude an seinem elterlichen Erbe. Antonius redet mit seiner Schwester – oder vielmehr überredet er sie, in eines der damals bestehenden Häuser für gottgeweihte Jungfrauen einzutreten, womit eine Gemeinschaft junger Frauen gemeint ist, die zusammenleben, sei es, um Gott besser zu dienen, sei es, um sich zu emanzipieren und dem drohenden ehelichen Joch zu entgehen; für manche von ihnen mochte beides zutreffen. Seine Güter verschenkt Antonius an die Nachbarn. Dann setzt er sich ab in die Wüste, wo er in einer ausgeraubten Grabkammer haust. Ein Freund versorgt ihn gelegentlich mit getrocknetem Fladenbrot, das sich über Monate hin hält. So lange aber kann der Zulieferer seinen Mund nicht halten. Bald spricht sich im Dorf herum, wo Antonius steckt.

Gottsucher denken an Gott und befassen sich nicht mit Psychologie. Dass Antonius von Letzterer nichts versteht, wird ihm zum Verhängnis. Er bedenkt nicht, dass man sich nur zu verstecken braucht, damit alle einen suchen. Und dass man einen Versteckten, sobald der gefunden ist, auch aufsucht. Angesichts des Andrangs der Menge zieht er weiter weg, in die Nähe von Pispir, wo er in einem verlassenen Kastell haust. Neugierige machen ihn auch dort ausfindig. Wer ein Erbe ausschlägt, um sich als Hungerkünstler zu versuchen, ist allemal eine gesellschaftliche Attraktion. Insbesondere wenn sich auch noch die Kunde verbreitet, er kämpfe mit Dämonen und habe Visionen und der Teufel mache sich in Gestalt hübscher Knaben und schönbusiger Frauen an ihn heran, um ihn zur Unzucht zu verleiten. Weiteren Gerüchten zufolge vermag der seltsame Gottsucher sogar Kranke zu heilen. Und, was schon ans Unerhörte grenzt: Gott, heißt es, habe höchstpersönlich zu ihm gesprochen.

Antonius, der allen Sensationen entfliehen wollte, wird zusehends selbst zur Sensation. Das hält er nicht aus. Er entzieht sich durch Flucht. Seine nächste Behausung richtet er in der Wüste ein, am Berg Kolzim. Eines hat der Außenseiter inzwischen begriffen: Je mehr ein Mensch sich in der Menge sonnt und zu ihr redet, desto größer ist die Gefahr, dass er sich aufspielt. Wer im Mittelpunkt steht, denkt an die Wirkung, die er erzielen möchte, sucht Zustimmung – und ist gar nicht mehr so richtig bei sich. Am Berg Kolzim ist Antonius ganz bei sich. Hier findet er seine innere Ruhe. Jetzt erfährt er auch, was das ist: Gelassenheit. Sein Biograf, der Bischof Athanasius (296/298–373), schreibt, dass Antonius sich nunmehr an der Schau der göttlichen Dinge ergötzte. Ja: ergötzte! Das kann später ein dahergelaufener Spötter nicht begreifen. Wie Antonius diese Einsamkeit überhaupt aushalte, will der wissen, zumal er sich als Analphabet die Zeit nicht einmal mit der Lektüre eines

Buches zu vertreiben vermöge (tatsächlich konnte er, wie sein Biograf kleinlaut gesteht, nicht einmal lesen). Dabei liegt Antonius nichts ferner, als die Zeit zu vertreiben. Den Spötter bringt er zum Schweigen, indem er ihm sagt, wie er sie nutzt: „Mein Buch ist die Schöpfung. Wenn ich Gottes Wort lesen will, brauche ich nur hineinzuschauen."

Der am Berg Kolzim Untergetauchte wird schnell entdeckt. Wie vormals in Koma und später in Pispir kommen die Leute in Scharen. Wollte Antonius weiter nach Osten fliehen, müsste er sich übers Rote Meer absetzen, das vor ihm in Sichtweite liegt. Stattdessen entscheidet er sich für einen Kompromiss. Er bleibt in seiner Einsiedelei. Unten am Berg, wo heute das Antoniuskloster steht, leben einige seiner Schüler in Hütten. Die versperren allen, die ihn besuchen wollen, den steilen Pfad. Aber bloß während eines halben Jahres. Die andere Jahreshälfte verbringt Antonius wiederum in Pispir. Dort erzählt er den Pilgerscharen, was er die Monate zuvor im Buch Gottes gelesen hat. Ob Antonius, wie Athanasius in der erwähnten Lebensbeschreibung berichtet, wiederholt auch Reisen nach Alexandria unternahm, um die verfolgten Christen im Glauben zu stärken, ist historisch nicht nachgewiesen.

Antonius starb im biblischen Alter von 105 Jahren. Seither haben Unzählige von ihm gelernt, dass sie vor sich selbst davonlaufen, wenn sie sich rund um die Uhr in Betriebsamkeit flüchten.

Obwohl zurückgezogen lebend, mischte sich der Eremit Antonius dennoch ins Tagesgeschehen ein. Tatsächlich werden dem laut Athanasius ungebildeten Wüstenvater fast dreißig Briefe zugeschrieben, von denen vermutlich bloß acht echt sind. Aber selbst von diesen Letzteren entstammt kein einziger seiner Feder, weil der des Schreibens Unkundige sich genötigt sah, seine Ermahnungen zu diktieren. Die angeblich von ihm verfasste Ordensregel wurde vermutlich von seinem Schülerkreis zusammengestellt. Hauptthema dieser Regel ist die Abkehr des Mönchs von der Welt und die Abtötung weltlicher Begierden. Ob Antonius mit Kaiser Konstantin und dessen Söhnen im

Der Wüstenvater Antonius mit dem Schwein als Erkennungszeichen. Kreuzkapelle Sempach (Schweiz).

Schriftwechsel stand, wie sein Biograf behauptet, scheint mehr als fraglich.

Antonius gilt als Begründer des christlichen Mönchtums. Das trifft so nicht zu. Wohl förderte er die Kontakte zwischen Eremiten, die einzeln oder in kleinen Gruppen lebten. Klosterähnliche Einrichtungen jedoch verdanken ihre Entstehung dem Einsiedler und Altvater Pachomios (gegen 295–346).

Der Gedanke an ein gemeinschaftliches Leben war Antonius völlig fremd. Ihm und den übrigen Einsiedlern ging es um die individuelle Gottesbegegnung und um die persönliche Heiligung. Die Askese betrachtete er wie viele andere Gottsucher als eine Art unblutiges Martyrium, was, wortgeschichtlich gesehen, zutrifft. Zwar versteht man unter einem Märtyrer oder einer Märtyrerin gemeinhin einen Blutzeugen beziehungsweise eine Blutzeugin. In Wirklichkeit aber bedeutet der aus dem Griechischen stammende Begriff ganz einfach *Zeuge/Zeugin*. Und Zeugnis für die christliche Botschaft legen alle ab, die Jesus – auf welche Weise auch immer – nachfolgen.

Als Personalausweis hat der Altvater Antonius ein Schwein, das meist zu seinen Füßen grunzt. Zu diesem Heiligenattribut kam er dank eines Laienordens, der 1095 in Frankreich zur Pflege der Kranken gegründet wurde. Dessen Mitglieder erwählten Antonius zu ihrem Patron, was ihnen die Bezeichnung Antoniter eintrug. Ihnen stand im Mittelalter das Privileg zu, ihre Schweine frei weiden zu lassen. In manchen Gegenden wurde es Brauch, eines dieser Schweine mit öffentlichen Mitteln zu kaufen. Dieses trug als Erkennungszeichen ein Glöckchen um den Hals (das die Künstler später am Stab des Wüstenheiligen Antonius befestigten). Am 17. Januar, dem Gedenktag des Heiligen, wurde das Schwein geschlachtet und das Fleisch an die Bedürftigen verteilt. Damit dürfte klar sein, wie Antonius zum Schwein und die Armen zu einer etwas reichhaltigeren Mahlzeit kamen.

Wenn der Himmel leer scheint

WAS HEILIGENBIOGRAFIEN HÄUFIG VERSCHWEIGEN

„Ich fühle in mir die Berufung zum Priester; mit welcher Liebe trüge ich dich, o Jesus, in meinen Händen, wenn auf mein Wort hin du vom Himmel herabstiegest!"[31]

Ungewöhnlich an dieser Aussage ist, dass sie nicht von einer feministischen Theologin unserer Zeit, sondern von einer Frau stammt, die sie im Jahr 1896 zu Papier brachte. Ihr bürgerlicher Name: Thérèse Martin – besser bekannt als Theresia vom Kinde Jesus. Entnommen ist sie ihren *Autobiografischen Schriften*. Der Untertitel *Authentischer Text* ist, wie sich zeigen wird, mehr als berechtigt.

Schon als Kind erweist sich die 1873 in Alençon in der Normandie geborene Thérèse derart fügsam und fromm, dass eigentlich nur die Oberin des Karmelitinnenklosters von Lisieux sich wundert, als die Jugendliche um Aufnahme bittet. Weil das Kirchenrecht Jugendlichen den Eintritt in ein Kloster verwehrt, benötigt Theresia eine Dispens. Die aber wird vom Bischof verweigert.

Bleibt nur noch der Papst. Der Vater, der den Wunsch seiner Tochter befürwortet, entschließt sich, an einer von der Diözese organisierten Wallfahrt nach Rom teilzunehmen. Theresia und ihre Schwester Celina werden ihn begleiten. Am 20. November 1887 feiern sie zusammen mit anderen Wallfahrenden mit Leo XIII. die Messe. Allerdings ist es ihnen verboten, mit dem Papst zu sprechen. Als Theresia ihm vorgestellt wird, kniet diese nieder und sagt weinend, dass sie um einen großen Gefallen bitten möchte. Ein anwesender Priester erklärt dem Kirchenoberhaupt, dass die Jugendliche gewillt sei, in das Karmelitinnenkloster von Lisieux einzutreten. Statt seine Zustimmung zu erteilen, verweist der Papst sie an den Bischof zurück. Theresia indessen kreuzt ihre Hände auf seinen Knien, worauf zwei der Wachen sie zum Ausgang bringen.

Am 1. Januar 1888, einen Tag vor ihrem 15. Geburtstag, erreicht Theresia ein Schreiben des Bischofs mit der Nachricht, dass dieser seine Entscheidung überdacht habe und dem Klostereintritt zustimme.

Theresia ist 15 Jahre und drei Monate alt, als sie bei den Karmelitinnen von Lisieux Aufnahme findet.

Zwei ihrer älteren Schwestern haben diesen Schritt bereits vor ihr getan, allerdings in einem Alter, das vor dem gesunden Menschenverstand zu verantworten war. Neun Jahre lebt die kleine heilige Theresia, wie sie auch genannt wird, im Karmel. 1897 stirbt sie an Schwindsucht.

Über ihr Leben vor und nach dem Klostereintritt gibt die von ihr verfasste und von ihrer Schwester Agnes herausgegebene *Geschichte einer Seele* Aufschluss. Diese Schwester, im Kloster inzwischen zur *Mutter* Agnes, will sagen zur Oberin avanciert, war es auch, die Theresia zur Niederschrift ihrer geistlichen Erfahrungen ermutigte.

Was nach der Veröffentlichung dieser Erinnerungen geschah, hatte niemand voraussehen können. Die unscheinbare Schrift schlägt ein wie ein Blitz. Tausende und Abertausende von Exemplaren werden gedruckt. Übersetzungen in über dreißig Sprachen folgen. Schon im Alter von zwei Jahren, liest man da, fühlte Thérèse sich hingezogen zum Bräutigam der Jungfrauen. Sie ist die kleine Blume, die Jesus gepflückt und in den Karmel verpflanzt hat, in diesen erlesenen Garten der Gottesmutter. Klein will sie bleiben und unscheinbar. Süß ist es, sich in Jesu Arme zu werfen. Und die Schwindsucht, die sie verzehrt? Die Leiden, die Jesus schickt, muss man tragen! Theresia weiß, dass sie bald sterben wird. Nach ihrem Tod aber wird das Gänseblümlein Gottes, wie sie sich selbst nennt, Rosen der Gnade auf diese Erde regnen lassen.

Geradezu rührend, wie sie sich selbst sieht und was sie in der dritten Person über sich schreibt: „Alle Geschöpfe können sich ihr zuneigen, sie bewundern, sie mit ihrem Lob überschütten, das alles kann, ich weiß nicht warum, keinen einzigen Tropfen falscher Freude zur wahren Freude hinzufügen, die sie in ihrem Herzen verkostet, denn sie erkennt, was sie in den Augen Gottes ist: ein armes, kleines Nichts, mehr nicht …"

Wahrscheinlich erklärt sich der Riesenerfolg dieses Buches auch damit, dass Theresia die an Mobbing grenzenden Kränkungen seitens einzelner Mitschwestern und die damit verbundenen Demütigungen verschweigt. Kein Wort auch darüber, wie sehr eine der Priorinnen, Marie de Gonzague, sie durch ungerechte Maßnahmen leiden lässt unter dem blassen Vorwand, ihren angeblichen Stolz zu brechen. Ein weiterer Grund für die fast flächendeckende Verbreitung des Buches war sicher auch die damalige Verunsicherung vieler Gläubigen, die es nach religiösen Gewissheiten und spiritueller Sicherheit verlangte: das Kloster als geistlicher Garten, als Ankerplatz in den Stürmen der Zeit, als Hort vor Anfechtungen, als Trutzburg gegen den um sich greifenden Unglauben, als vorweggenommenes Paradies.

Irgendwie ist das alles zu schön, um wahr zu sein. Zwar ahnt man es dunkel – und empfindet dennoch Hemmungen, es einmal deutlich zu sagen: Die *Geschichte einer Seele* ist religiöser Kitsch.

Genauer, *diese* von Mutter Agnes veröffentlichte *Geschichte einer Seele*! Heute wissen wir, dass die Klostervorsteherin gute Gründe hatte, das Originalmanuskript nur ja nicht aus der Hand zu geben. Erst ihr Tod im Jahr 1951 ermöglicht einem gelehrten Karmelitermönch den Zugriff auf die paar Kladden und damit den Nachweis, dass die geistliche Autobiografie der kleinen Theresia, an der sich Aberhunderttausende erbaut hatten, von ihrer leiblichen Schwester und Ordensvorgesetzten nach allen Regeln der erbaulichen Kunst ediert worden war. Das bedeutet in diesem Fall: Verkleisterung, Retusche, Schminke, Zensur, Verfälschung.

Aus den nunmehr vollständig vorliegenden Aufzeichnungen nämlich geht hervor, dass die „kleine Blume" im Verlauf ihrer wenigen Klosterjahre noch ein paar ganz andere Erfahrungen gemacht und schriftlich festgehalten hat. Nicht nur von Frömmigkeit ist in ihren Aufzeichnungen die Rede, sondern auch von furchtbarer Einsamkeit. Von Depressionen. Von einem „dunklen Tunnel", den Jesus sie durchschreiten lässt. Von „den Nebeln", die sich um sie herum verdichten und in ihre „Seele eindringen". Von der Angst, sich den Mitschwestern mitzuteilen: „Wenn die Prüfung, die ich seit einem Jahr [seit Ostern 1896] erdulde, offen zutage träte, würde man sich verwundern ..." Vom Zweifel daran, ob es überhaupt einen Himmel gibt: „Du träumst vom Licht, von einer mit lieblichsten Wohlgerüchen durchströmten Heimat, du träumst von dem *ewigen* Besitz des Schöpfers all dieser Wunderwerke, du wähnst, eines Tages den Nebeln, die dich umfangen, zu entrinnen! Nur zu, nur zu, freu dich über den Tod, der dir geben wird nicht, was du erhoffst, sondern eine noch tiefere Nacht, die Nacht des Nichts."

Von dieser „Nacht des Nichts" haben viele Heilige und Mystikerinnen berichtet. *Sie* verstanden darunter Zeiten innerer Dürre und Trostlosigkeit, mit einem anderen Wort: die Erfahrung der *Abwesenheit Gottes*. Bei Theresia ist das anders. Immer wieder überfallen sie furchtbare Zweifel an der *Existenz Gottes*. Damit teilt sie ganz und gar das Los des modernen Menschen und zeigt so, dass der Zeitgeist auch durch die Ritzen der Klostermauern dringt. Sie ist nicht die kleine süße Jesusschwärmerin, als die man sie jahrzehntelang betrachtet hat, sondern eine überaus tapfere und erprobte Heilige, in der sich viele heutige Menschen mit ihren Glaubenszweifeln, Ängsten und Depressionen wiedererkennen.

Theresia verstarb am 30. September 1897 im Alter von gerade 24 Jahren. Schon 1923 wurde sie selig- und 1925 heiliggesprochen. Am 19. Oktober 1997 hat Papst Johannes Paul II. Thérèse von Lisieux zusammen mit zwei weiteren herausragenden Frauengestalten, Katharina von Siena und Teresa von Ávila, zur Kirchenlehrerin erhoben.

Eine Reise zum Mittelpunkt der Welt

WARUM LIEBE KEINE GRENZEN KENNT

Wer in der Bibel Beispiele für religiösen Fanatismus sucht, findet davon jede Menge. So lesen wir zum Beispiel im fünften Buch Mose:

> Wenn der Herr, dein Gott, dich in das Land geführt hat, in das du jetzt hineinziehst, um es in Besitz zu nehmen, wenn er dir viele Völker aus dem Weg räumt und du sie schlägst, dann sollst du sie der Vernichtung weihen. Du sollst keinen Vertrag mit ihnen schließen, sie nicht verschonen und dich nicht mit ihnen verschwägern. Deine Tochter gib nicht seinem Sohn, und nimm seine Tochter nicht für deinen Sohn! So sollt ihr gegen sie vorgehen: Ihr sollt ihre Altäre niederreißen, ihre Steinmale zerschlagen, ihre Kultpfähle umhauen und ihre Götterbilder im Feuer verbrennen. Denn du bist ein Volk, das dem Herrn, deinem Gott, heilig ist. Dich hat der Herr, dein Gott, ausgewählt, damit du unter allen Völkern, die auf der Erde leben, das Volk wirst, das ihm persönlich gehört (Dtn 7,1–6).

Es ist dies nur eines jener zahlreichen Diktate Gottes, das Mose seinem Volk lautstark verkündet. Die endgültige Fassung dieses sperrigen Textes dürfte gegen Ende des 6. Jahrhunderts v. Chr. zustande gekommen sein. Die Vorschrift ist ebenso knapp wie klar: Weder Vertrag noch Verschwägerung mit Angehörigen anderer Völker sind den Israeliten erlaubt; geboten sind vielmehr Abstand und Ausgrenzung. Wenn es um die Erhaltung des Glaubens und um die Reinerhaltung des Blutes geht, versteht Gott keinen Spaß.

So weit, so ungut. Meint ein anderer biblischer Schriftsteller, dessen Name uns nicht überliefert ist. Der verfasst, vermutlich nicht einmal ein Jahrhundert später, eine Novelle, die zu den literarischen Höhepunkten morgenländischer Erzählkunst gehört, nämlich das Buch Rut, das gerade vier Kapitelchen umfasst, die sich auf wenige Seiten verteilen. Es spiegeln sich darin ein Ethos und eine Humanität und eine Toleranz, wie wir sie längst nicht in allen biblischen Büchern finden.

Dass im Alten Testament eine nichtjüdische Frau namens Rut als Vorbild hingestellt wird, ist sicher nichts Besonderes. Erstaunlicher ist, dass diese sich weder zum Gott Israels bekannte noch die mosaische Weisung beachtete. Und dass es sich bei dem ihr gewidmeten Buch um eine Liebesgeschichte handelt. Ungewöhnlich ist auch, dass ihr sogar im römischen, im evangelischen und im orthodoxen Heiligenkalender ein Platz eingeräumt wurde.

Wie es sich für eine Novelle gehört, beginnt das Buch Rut mit einer außergewöhnlichen Begebenheit. In Betlehem (wörtlich übersetzt ‚Haus des Brotes' oder ‚Brothausen') herrscht Hunger. Da entschließt sich ein gewisser Elimelech, der Not wohl mehr gehorchend als dem eignen Triebe, zusammen mit seiner Frau Noomi und seinen beiden Söhnen Machlon und Kiljon nach Moab auszuwandern, um dort ein Auskommen zu finden. Nach Moab? Ja, ausgerechnet bei den götzendienerischen Moabitern, Israels Erzfeinden seit Menschengedenken, lässt er sich nieder! Denn während in Juda die Saat verdorrt, fahren die Fehlgläubigen Ernte um Ernte in ihre Scheunen. Ob Elimelech in der Fremde Jahwe vergisst, wird nicht gesagt; seine Heimat jedenfalls scheint er vergessen zu haben. Vergessen sind auch die alten Drohsprüche, die Jesaja und Jeremia und Ezechiel und viele andere Propheten gegen das Volk von Moab schleuderten.

Überdies hält Noomis Mann Elimelech überhaupt nichts von jener mosaischen Vorschrift, die ihm verbietet, sich inmitten von Götzendienern niederzulassen. Er richtet sich ein in der Fremde, dort stirbt er, und dort wird er begraben. Und seine beiden Söhne? Scheren sich ihrerseits nicht um das Verbot, heidnische Frauen heimzuführen. Der eine Sohn heiratet eine Orpa, der andere vermählt sich mit einer Rut. Dann, nach einem Jahrzehnt, der Schicksalsschlag: Beide Söhne sterben. Wohlgemerkt, es ist nicht die Rede von einer Gottesstrafe.

Wie der biblische Verfasser gleich in der ersten Zeile vermerkt, spielt die Novelle zur Zeit der Richter (Rut 1,1), als die Heiratsverbote zwischen Israeliten und Nichtisraeliten äußerst rigoros angewandt wurden. Polemischer geht's nimmer. Die Botschaft ist eindeutig: Liebe ist grenzenlos; sie kennt weder rassenbedingte noch nationale oder soziale Schranken.

Was ist denn das für eine Gesellschaft, die mit kastenähnlichen Vorstellungen und lebensfeindlichen Paragrafen die gegenseitige Zuneigung zweier Menschen verbietet?! Und was ist das für eine Religion, die mit dem Hinweis auf die Glaubenslehren die zwischenmenschliche Liebe behindert?! Sobald wir unser Augenmerk auf diese Dinge richten, begreifen wir, welches Potenzial an theologischem Sprengstoff im Buch Rut enthalten ist.

Was zählt denn nun letztlich? Die mosaische Weisung? Die religiöse Unterweisung? Oder der Mensch und sein Glück? Diesen Fragen stellt sich der anonyme Verfasser. Und er stellt sie seiner Leserschaft. Also auch uns – nur dass sie sich heute in anderer Form und unter veränderten Umständen präsentieren.

Gesetze dürfen nie zum Selbstzweck verkommen; sie haben ihre Berechtigung stets und nur in dem Maß, als sie den Menschen zugutekommen. Oberstes Kriterium ist nie die Vorschrift, sondern das, was das Leben fördert und dem Wohl der Menschen dient. Nicht weniger deutlich als die Rut-Novelle zeigt dies auch und vor allem Jesus von Nazaret, der das

Problem mit wenigen Worten auf den Punkt bringt: „Der Sabbat wurde für den Menschen gemacht, nicht der Mensch für den Sabbat“ (Mk 2,27).

Wo immer man sich auf die Buchstaben des Gesetzes fixiert und nicht bereit ist, dieses zu hinterfragen, wird das Gesetz zur Ideologie. Auf eine Religion jedoch, die nur mithilfe einer Ideologie überlebt, muss der Mensch verzichten, will er nicht seelisch verkümmern.

„*Dilige, et quod vis fac* – liebe, und dann tu, was du willst“, so der heilige Augustinus.[32] Sinngemäß ließe sich dieses Diktum auch anders übersetzen: Höre auf die Stimme deines Herzens, und das heißt auf dein Gewissen! Ein Gewissensentscheid ist nicht gleichzusetzen mit Willkür, sondern ist Ausdruck menschlicher Würde. Weil er nämlich Verantwortung voraussetzt, vor der viele sich drücken, indem sie auf übergeordnete Instanzen, auf geltende Bestimmungen oder auf angeblich göttliche Verfügungen verweisen.

Als Noomi hört, dass in Brothausen das Getreide wieder wächst wie in Vorzeiten, wächst in ihrem Herzen die Sehnsucht nach ihrer Heimat. Diese Sehnsucht ist so stark, dass keine Vernunftgründe dagegen ankommen. Also plant sie die Rückkehr. Und bricht auf. Damit bringt sie ihre beiden verwitweten Schwiegertöchter Orpa und Rut in einen Zwiespalt. Einerseits fühlen diese sich verpflichtet, für sie zu sorgen; unmöglich können sie sie einfach ihrem Schicksal überlassen. Begleiten sie sie, so gehen sie einer ungewissen Zukunft entgegen. Sie selbst sind ja längst in Moab beheimatet. In Betlehem wären sie Fremde; wer weiß, welches Los sie erwarten würde!

Noomi weiß nur eines, nämlich dass sie unmöglich erwarten darf, dass Rut und Orpa um ihretwillen ihre eigenen Zukunftshoffnungen begraben: „Kehrt um, meine Töchter, und geht! Wolltet ihr euch so lange abschließen und ohne einen Mann leben? Nein, meine Töchter!“ (1,12–13). Noomi erhofft sich nichts mehr vom Leben. Ihre Söhne sind verstorben – das bedeutet den sozialen Tod. Sie steht am absoluten Nullpunkt.

Eine Witwe, die keine Nachkommen hat, hat auch keine Stütze im Alter.

Noomis ebenfalls verwitwete Schwiegertöchter können ihr keine Sicherheiten bieten. Aber, jung wie sie sind, können sie wieder einen Ehemann finden und damit einen Platz in der Gesellschaft. Genau das ist es, was Noomi ihnen nahelegt. Sie möchte nicht, dass die zwei Frauen ihre Zukunft an das Geschick einer alternden Frau binden.

Die eine von ihnen, Orpa, macht sich tatsächlich auf den Rückweg, weinend zwar und wehklagend, aber – und das ist bemerkenswert – ohne den geringsten Anflug von Schuldgefühlen. Die andere begleitet Noomi zurück in ihre Heimat. Denn „dein Volk ist mein Volk und dein Gott ist mein Gott" (1,16).

Paragrafenfixierte Fundamentalistinnen und fundamentalistisch orientierte Ketzerjäger werden an dieser Stelle unisono darauf verweisen, dass die Moabiterin Rut sich mit diesem Wort zu Israels Gott bekennt: „Dein Gott ist mein Gott." Läuft die ganze Erzählung etwa nicht auf dieses Bekenntnis zum Einen und Einzigen hinaus, der ist und der sein wird für immer und ewig?

Nein, und nochmals nein! Hier geht es nicht um Orthodoxie. „Dein Gott ist mein Gott." Bei diesem Bekenntnis hat der biblische Erzähler ganz sicher eines nicht im Sinn, nämlich die Tafel mit der Abstand gebietenden und ausgrenzenden mosaischen Gesetzesvorschrift aus dem Buch Deuteronomium (vgl. Dtn 7,1–6) doch noch, und sei es durch die Hintertür oder durch den Dienstboteneingang, in die gute Sabbatstube hineinzuschmuggeln.

„Dein Gott ist mein Gott" – man benötigt gewiss keinen Diplomabschluss in Psychologie, um zu erkennen, dass dieses Wort nicht konfessionell gemeint, sondern menschlich zu verstehen ist: Zeige mir, was dir das Heiligste ist und das Kostbarste, ganz gleich, wie immer du es nennst, was immer du darunter verstehst; ich möchte da sein, wo dein Gott ist, da also, wo *du* das Höchste ahnst und das Heiligste vermutest, weil ich nur so dich und dein Wesen verstehe. Wie könnte ich dich bejahen, dir meine Zuneigung und meine Verbundenheit zeigen, wenn ich nicht verstehen, zumindest nicht erahnen könnte, was im Tiefsten *dich* bewegt! „Dein Gott ist mein Gott" – *hier* bedeutet das ganz einfach: Öffne dein Herz, lass mich einen Blick tun ins Innerste deiner Seele! Lass teilhaben mich an dem Geheimnis, aus dem heraus und für das du lebst!

Es triumphiert hier also nicht die israelitische Orthodoxie über einen heidnischen Aberglauben; hier siegt ganz einfach eine natürliche Humanität über die Brutalität einer rein rechtlich denkenden Theologenkaste, die die Menschen mit angeblich heiligen Vorschriften niederhält.

Solange das Buch Rut zur Bibel gehört (und kein Oberrabbiner und keine Landesbischöfin und kein Papst werden es ausmerzen können), gibt es ein Recht, die schlichte Menschlichkeit über alle Rechtssatzungen, auch über alle religiösen Anordnungen und Verordnungen zu stellen. Dass diese Deutung der Intention des Verfassers gerecht wird, zeigt der weitere Verlauf der Geschichte. Dem Erzähler geht es ja nicht darum zu zeigen, dass da eine Moabiterin sich bekannte zum einzig wahren Gott und übertrat zum Glauben eines einzig erwählten Volkes. Sondern? Sondern dass eine tiefe Beziehung zwischen zwei Menschen dann erst möglich ist, wenn einer dem anderen folgt – was nun aber zuallererst *nicht räumlich, sondern geistig* zu verstehen ist.

„Dein Gott ist mein Gott." Dieses Wort besagt ganz einfach, was Liebende sich sagen: Ich möchte da sein, wo *du* bist.

Menschen, die einander wirklich und wahrhaft wohlgesinnt sind, erwarten nicht, dass der oder die andere ihren Vorstellungen entspricht (und entsprechend handelt). Vielmehr versuchen sie, sich eine Vorstellung von dem zu machen, die deren Wesen entspricht.

Rut und Noomi machen sich miteinander auf den Weg. Nach Betlehem, sagt der Erzähler. Wir wissen es inzwischen besser: Sie befinden sich auf dem Weg zueinander.

Mit leeren Händen und leerem Magen treffen Rut und ihre Schwiegermutter Noomi in Betlehem ein. Und da warten sie nun auf das Erbarmen Gottes oder auf den Tod, wobei, das wissen sie beide, das eine sich vom anderen oft nicht unterscheidet. Sie stehen vor dem Nichts. Sie sind auf Sozialhilfe angewiesen.

Diesbezüglich finden sich in den biblischen Schriften nicht nur Ermahnungen, sondern auch rechtliche Grundlagen. So sollte jedes dritte Jahr ein Zehntel der Ernte den Witwen, den Waisen und den Fremden und denen, die keinen Land- oder Erbbesitz haben, zugutekommen (Dtn 14,28–29). Außerdem – und damit sind wir wieder mittendrin in unserer Geschichte – sollen die Landbesitzer nach der Ernte keine Nachlese halten. Denn diese ist den Ärmsten der Armen vorbehalten, damit sie sich zumindest mit den Grundnahrungsmitteln versorgen können (Lev 19,9–10).

Rut und Noomi haben doppeltes Glück. Zunächst einmal fällt ihre Ankunft in Betlehem in die Erntezeit. Außerdem gelangt Rut auf der Suche nach Nahrung auf das Feld des Boas, der offenbar nichts gegen eine Nachlese einzuwenden hat. Tatsächlich war dieses ‚Recht' nicht einklagbar, es bestand lediglich auf dem Pergament. Seine Umsetzung hing vom guten Willen der Grundbesitzer ab.

Uns verrät der Erzähler, dass Boas mit Noomi verwandt ist; Rut selbst aber erfährt davon erst, nachdem sie am Abend zu Noomi zurückgekehrt ist. Als entfernter Verwandter Noomis ist Boas mit deren Schwiegervater und, indirekt, auch mit Rut versippt. Was später von Bedeutung sein wird.

Zufällig ist Rut auf das Feld des Boas gelangt. Sein Blick fällt sogleich auf die fremde Ährenleserin. Er erkundigt sich bei den Schnittern nach ihrer Herkunft, offenbar weil er von ihrer Erscheinung angetan ist. Anschließend wendet er sich an sie und *bittet* sie, auf kein anderes Feld zu gehen. Als Fremde ist Rut den Annäherungsversuchen und den Belästigungen seitens der Schnitter ausgeliefert. Davor will Boas sie schützen.

Damit ist eigentlich alles gesagt, was *jetzt* zu sagen ist. Boas hat ein Auge auf Rut. Besser, er hat ein Auge auf sie geworfen. Zur Mittagszeit fordert ihr Wohltäter sie auf, aus seinem Topf zu essen. Die Schnitter weist er an, vom Ernteertrag etwas für sie auf dem Feld liegen zu lassen. Offensichtlich ist Boas Feuer und Flamme; er hat zwar nicht den Verstand, wohl aber sein Herz verloren. Und Rut, die Moabiterin? Spürt sie schon ein Kribbeln im Bauch?

Auch wer noch nie einen Liebesroman gelesen hat, merkt, dass sich da etwas anbahnt.

An den folgenden Tagen begibt sich Rut zum Ährenlesen auf kein anderes Feld. Wie sollte sie auch, nachdem sie Boas kennengelernt und seine Großzügigkeit erfahren hat?!

Bislang hat sie sich völlig selbstlos um ihre Schwiegermutter Noomi gekümmert. Diese allerdings lässt sich nicht einfach umsorgen, sondern macht sich ihrerseits Sorgen um die Schwiegertochter. In einer durch und durch patriarchalischen Gesellschaft hat eine Witwe nur dann eine Zukunft, wenn sie wieder einen Mann findet. Wer dieser Mann ist, ist für Noomi spätestens dann klar, als Rut ihr erzählt hat, wie bevorzugt Boas sie behandelt hat. Nun ist es bekanntlich leichter, einen Mann zu finden, als ihn an sich zu binden. Noomi, die Ältere und Gewitztere und gewiss nicht ganz unerfahren in den Werken der Liebe, weiß Rat. „Mach dich schön, dann schleichst du dich nachts zur Tenne, wo Boas und die übrigen Grundbesitzer ihre Ernte bewachen, und legst dich zu ihm. Der Rest ergibt sich dann von selbst …"

Die drei Pünktchen sind kein Hinweis, hier eine Kunstpause einzuschalten. Vielmehr signalisieren sie, dass es vorerst noch etwas zu klären gilt, was die beiden Liebenden während ihrer Umarmung vermutlich ausgeblendet haben.

Es gilt nämlich noch eine juristische Hürde zu überwinden, die ihrem Glück entgegensteht.

Rechtlich gesehen ergeben sich für Boas aus der mit Rut verbrachten Liebesnacht keinerlei Verpflichtungen. Allerdings möchte Rut mit Boas weiterhin zusammen sein. Aber – wir erinnern uns – sie ist Witwe. Und außerdem kinderlos.

Wie in manchen Gegenden des Alten Orients war es auch in Israel üblich, dass ein Schwager oder der Nächstverwandte des verstorbenen Mannes mit der kinderlosen Witwe einen Sohn zeugte, der dann als Nachkomme ihres ersten Mannes galt. Auf diese Weise sollte die genealogische Linie des Toten weitergeführt werden (Dtn 25,5–6).[33]

Wie bereits erwähnt, ist Boas mit Noomi und indirekt auch mit Rut verwandt. Allerdings gibt es da noch einen weiteren Mann, der näher mit den beiden versippt ist. Der aber ist nicht bereit, mit Rut die Schwagerehe einzugehen, um mit ihr einen Sohn zu zeugen und darüber hinaus die Sorgepflicht für beide zu übernehmen.

Damit steht einer Verbindung zwischen Rut und Boas nichts mehr im Weg. Oder doch?

Noch immer gilt ja nach wie vor jene mosaische Vorschrift, die es einem Israeliten verbietet, eine fremdländische Frau zu ehelichen. Dass Boas sich darüber hinwegsetzt, scheint den Erzähler nicht zu stören. Schon gar nicht versucht er die Verbindung mit dem Hinweis zu rechtfertigen, dass die Moabiterin sich dem Gott Israels zugewandt habe.

Für ihn (und alle Beteiligten!) zählt allein die Liebe. Spätestens seit der mit Rut verbrachten Nacht weiß Boas genau, was er will. Rut ihrerseits war sich schon vorher darüber im Klaren, dass auch sie wünschte, was Boas wollte.

Warum will Boas ausgerechnet Rut zur Frau nehmen? Offensichtlich ist da nicht einfach eine blinde Leidenschaft, wohl aber eine leidenschaftliche Zuneigung im Spiel. Dies jedenfalls geht aus Boas' Worten hervor, die er auf der Tenne an Rut richtete. Zum einen zeigt er sich davon beeindruckt, dass sie nicht den jungen Männern nachgelaufen ist. Und: „Jeder weiß, dass du eine tüchtige Frau bist" (3,11). Das mag spröde und unbeholfen klingen; aber Rut wird es schon richtig verstanden haben.

Diese ganze Geschichte zeigt, wozu wir auf dieser Welt sind, nämlich um geliebt zu werden und um zu lieben. Ganz am Schluss und eher verhalten deutet der unbekannte Verfasser an, dass menschliche Liebe, wie immer sie sich konkret manifestiert, stets etwas mit Gott und mit dessen Absichten zu tun hat.

Bald schon nämlich kommt Rut mit einem Sohn nieder, der den Namen Obed erhält. Dessen Sohn Isai ist der Großvater Davids, dessen Linie der Messias entstammt.

Das Buch Rut weist uns den Weg zum Mittelpunkt der Welt. Im Altertum wird man darüber gestritten haben, ob diese Vorrangstellung eher Babylon oder Assur oder doch eher Rom oder Konstantinopel zukomme. Heute werden manche an Paris oder an Washington oder an London denken, einige wenige vielleicht sogar an den Vatikan.

Auf die Frage nach dem Mittelpunkt der Welt hält das Buch Rut eine andere, überraschende Antwort bereit: Der Mittelpunkt der Welt ist da, wo Menschen leben, die wir lieben.

Der Kopf der Kopflosen

WIE EIN ÜBERSETZUNGSFEHLER DAS NACHLEBEN BELASTEN KANN

Antonius von Padua gehört zu den populärsten Heiligen. Geboren wurde er um 1195 in Lissabon und unter dem Namen Fernando aus dem Taufwasser gehoben. Nach längeren Studien trat er dem Orden der Augustinerchorherren bei. Während andere vermeinten, nach empfangener Priesterweihe den Stein der Weisen gefunden zu haben, widmete sich Fernando nun erst recht den Wissenschaften. Alle Welt war davon überzeugt, dass er ein großer Gelehrter würde. Das wurde er auch – aber dann kam doch alles anders. Oder vielmehr: Es kam noch einiges dazu.

Verba docent, exempla trahunt – Worte mögen belehren, Beispiele aber reißen mit. Falls dieses Sprichwort sich je bewahrheitete, dann im Leben dieses Portugiesen. Es kursierten nämlich damals Geschichten von einigen Gefolgsleuten eines gewissen Francesco von Assisi, die in Marokko als Missionare tätig waren und um ihres Glaubens willen umgebracht wurden. Worauf Fernando sich kurz entschlossen dem Franziskanerorden anschloss, den Namen des berühmten Wüstenvaters Antonius annahm und sich nach Afrika einschiffte, um den dortigen Heidenmenschen das Evangelium zu predigen. Aber Gott hatte offenbar anderes mit ihm vor. Antonius erkrankte und entschloss sich zur Heimkehr. Durch einen Sturm wurde das Schiff nach Sizilien verschlagen. In der Folge begab er sich in die Nähe von Assisi, wo er eine Zeit lang als Einsiedler lebte und bei dieser Gelegenheit Franziskus begegnete.

Und dann trifft das Sprichwort plötzlich nur noch bedingt zu. *Verba docent?* Mag sein, dass Belehrungen nützlich sind; aber laufen sie nicht oft ins Leere? Von Antonius jedenfalls gilt fortan: *Verba trahunt – Worte reißen mit*, begeistern, betören und vor allem: überzeugen.

Denn bald schon sorgt der Franziskusjünger wegen seiner außergewöhnlichen Redegewandtheit für Aufsehen. Daher beauftragen ihn die Ordensoberen im Herbst 1223, in der Romagna zu predigen, um die zu dieser Zeit grassierenden ketzerischen Ansichten der Katharer und Waldenser zu widerlegen. Um den Erfolg beneiden ihn noch heute jeder Pfarrer und jede Pastorin. Jede Predigt ein Volltreffer! Das bedeutet, dass Antonius, kaum dass er den Mund öffnet, die Häretiker reihenweise und rundherum schachmatt setzt.

1227 bis 1230 ist Antonius als Bußprediger in Oberitalien tätig, zugleich wird er Ordensprovinzial der Romagna mit Sitz in Padua, wo er die letzten Jahre seines Lebens verbringt. Seine Fastenpredigten im Jahr 1231 sind legendär. Keine Kirche ist groß genug, er muss ins Freie ausweichen. Die Überlieferung berichtet von bis zu 30 000 (in Worten: dreißigtausend) Zuhörenden. Zwar neigen Chronisten stets dazu, das Wasser auf die eigene (politische oder konfessionelle) Mühle zu leiten. Aber wenn auch nur ein kleiner Teil von dem zutraf, was sie berichten, hört sich das Ergebnis geradezu sensationell an: Die ganze Region um Padua scheint wie umgewandelt. Schulden werden erlassen, zerstrittene Familien versöhnen sich, Diebe erstatten gestohlenes Gut zurück, Dirnen entschließen sich zu einem ehrbaren Leben …

Der Erfolg dieser Predigten beruhte wohl nicht nur auf Antonius' rhetorischen Künsten, sondern auf seinem Auftreten, das er auch anderen empfahl: Der Prediger müsse herabsteigen und sich seinen Mitmenschen zuneigen. Nur so könne er die aufrichten, die am Boden liegen.

Einmal allerdings scheint Antonius' Beredsamkeit an der Hartherzigkeit der Bevölkerung grandios zu scheitern. Die Legende verlegt diese Episode nach Rimini. Als die Einwohner aus Angst, ihr Lotterleben ändern zu müssen, ihn partout nicht hören wollen, wendet er sich dem Meer zu. Und siehe da! Ströme von Fischen finden sich ein und strecken ihre Köpfe aus dem Wasser, um seinen Worten zu lauschen. Worauf selbst die Hartnäckigsten sich der göttlichen Gnade nicht länger widersetzen ...

Mit 36 Jahren verfällt Antonius einem Burn-out. Also bittet er seine Vorgesetzten, ihn von seinen vielfältigen Tätigkeiten als Magister der Theologie, als Ordensoberer und Prediger zu entlasten. Die letzten Wochen seines Lebens verbringt er völlig geschwächt in der Einsiedelei Camposampiero bei Padua. Dort verstirbt er am 13. Juni 1231.

Zu Lebzeiten hatte der heilige Antonius zahllosen Menschen geholfen, zum Glauben zurückzufinden. Inzwischen nehmen seine Fans vor allem Zuflucht zu ihm, wenn es darum geht, verlorene Dinge wiederzufinden. Was ihm in Bayern den unschönen Spitznamen Schlamperltoni einbrachte. In der Tat erinnern sich viele erst dann an ihn, wenn sie zuerst den Kopf und anschließend sonst noch irgendetwas verloren haben. Dabei ist Antonius bloß wegen eines banalen Übersetzungsfehlers dazu verurteilt, verbummelte Gegenstände wieder ans Licht zu befördern.

Diese ungeliebte Aufgabe verdankt er indirekt seinem Zeitgenossen und Mitbruder Julian von Speyer, der zu seinen Ehren das berühmte *Si quæris miracula* („Wenn du Wunderzeichen suchst") verfasste, einen lateinischen Wechselgesang, in dem er den Heiligen als begnadeten Wundertäter preist.

Um humanistisch Gebildeten eine Freude zu bereiten, geben wir die ersten beiden Strophen zuerst im lateinischen Originaltext wieder:

Si quæris miracula,
mors, error, calamitas,
dæmon, lepra fugiunt,
ægri surgunt sani.

Cedunt mare, vincula:
membra *resque perditas*
petunt et accipiunt
iuvenes et cani.

Frei übersetzt:

Du fragst mich um die Wunder an,
die Gott durch Antonius getan?
Ihm weichen Aussatz, Unglücksfälle,
Tod, Irrtum und selbst die Hölle.
Und der Gesundheit hohes Glück
kehrt zu den Kranken schnell zurück.

Das Meer bleibt ruhig bis zum Strand,
die Fesseln fallen von der Hand,
es heilen die verletzten Glieder,
verlorene Sachen kommen wieder.

Die zweite Liedstrophe behauptet, dass Antonius für die *res perditas* zuständig sei, was man gemeinhin mit „verlorene Sachen" übersetzte. Indessen hat *res* mehr Bedeutungen, als ein gesunder Mensch Zähne hat. Gewiss bezeichnet der Begriff auch ein Objekt oder einen beliebigen Gegenstand. Mit *res* kann aber genauso gut ein Landgut, ein Schatz, ein Gemeinwesen, ein Geschäft oder ein bestimmtes Ereignis gemeint sein. Oder ein *Prozess*. An einen solchen, und nicht an all die Dinge, die sich in den Fundbüros anhäufen, hat Julian von Speyer bei der Niederschrift seines Hymnus gedacht.

Schon bald nach dem Tod des Heiligen nämlich kursierten Legenden, in denen dieser als Anwalt zu Unrecht Verdächtigter in Erscheinung tritt. Eine davon berichtet, dass ein Bürger in Lissabon einen Jungen umbrachte und die Leiche im Garten von Antonius' Vater begrub. Nachdem man sie dort entdeckt hatte, wurde dieser zum Tod verurteilt. Antonius, durch göttliche Erleuchtung von diesem Vorfall in Kenntnis gesetzt, befand sich zu dem Zeitpunkt in Padua. Doch schon am Morgen nach dem Urteilsspruch tauchte er in seiner Geburtsstadt Lissabon auf und bat den Richter, ihn zu der Leiche zu führen. Dann gebot er dem toten Knaben, sich zu erheben und den Namen seines Mörders kundzutun. So wurde Antonius' Vater von dem schrecklichen Verdacht befreit.

Der Legende zufolge müsste sich der Heilige eigentlich vornehmlich für jene einsetzen, die bei Gerichtsverhandlungen zwar ein gutes Gewissen, aber schlechte Karten haben. Weil man jedoch dem Zusammenhang zwischen der Legende und dem Hymnus keine Beachtung schenkte, wurde aus der dort genannten *res* (aus dem Gerichtsverfahren) ein Gegenstand und der heilige Antonius zum Kopf der Kopflosen.

Seither wird er sogar von solchen bemüht, die mit der Kirche nichts am Hut und mit Gott wenig im Sinn haben ... Dem Vernehmen nach scheint er selbst diese Uneinsichtigen nicht im Stich zu lassen – vorausgesetzt natürlich, dass sie ihm, wie alle anderen, im Erfolgsfall einen Obolus als Finderlohn versprechen.

Vorzugsweise wird dieser in der Kirche in jenem Almosenkasten deponiert, der mit *Antoniusbrot* beschriftet ist.

Antoniusbrot? Gemeint sind Almosen zugunsten der Armen, deren Verwaltung man dem viel beschäftigten Heiligen ebenfalls aufgehalst hatte. Manche behaupten, die Bezeichnung *Antoniusbrot* gehe auf eine Legende zurück. Angeblich hatte eine Mutter ihren zwanzig Monate alten Sohn allein in der Küche zurückgelassen. Beim Spielen fiel das Kind in einen gefüllten Wasserbottich. Als die Mutter es bei ihrer Rückkehr leblos vorfand, gelobte sie Antonius, an die Armen so viel Brot zu verteilen, wie das Kind wog. Worauf Gott es auf die Fürsprache des Heiligen hin wieder zum Leben erweckte.

Wahrscheinlich ist, dass die Legende wie gewöhnlich *nicht* recht behält. Vielmehr geht der Begriff auf eine Armenspeisung zurück, die in Padua jeweils am Todestag des Heiligen stattfand.

Was den Absichten des weltberühmten Predigers durchaus entsprach. Denn der Mensch lebt ja nicht allein von Gottes Wort, sondern auch vom täglichen Brot. So, oder ähnlich, steht's bei Matthäus, viertes Kapitel, Vers vier.

Antoniusstatue in der römischen Kirche Santa Maria in Trastevere. In seinen Händen hält der Heilige jede Menge Zettel mit den Anliegen, die ihm von den Gläubigen anvertraut wurden.

Die Kirchenbank

WIE MAN ES ANSTELLT, GOTT UND DEM MAMMON ZU DIENEN

Der selige Bernhardin von Feltre (1439–1494) wurde, sein Name sagt es, in dem norditalienischen Städtchen Feltre geboren, und zwar zu einer Zeit, da das Geldgeschäft den Tauschhandel in Europa allmählich verdrängte. Banken schossen wie Pilze aus dem Boden, und wie manche Pilze zeitigten auch einige der neuen Geldinstitute ein paar unerfreuliche Nebenwirkungen. Zum einen führte der durch das Bankenwesen verursachte schnelle Geldumlauf keineswegs zu einem besser verteilten Wohlstand; zum anderen kam es zu moralischen Konflikten. Letztere hingen mit dem damaligen Zinsverbot zusammen, das die Kirchenoberen immer wieder neu einschärften – allerdings ohne durchschlagenden Erfolg. Dabei bezogen sie sich auf eine Stelle im Buch Deuteronomium: „Von einem Ausländer darfst du Zinsen nehmen, von deinem Bruder darfst du keine Zinsen nehmen, damit der Herr, dein Gott, dich segnet in allem, was deine Hände schaffen, in dem Land, in das du hineinziehst, um es in Besitz zu nehmen" (Dtn 23,20–21). Findige Gottesgelehrte fanden bald einmal Mittel und Wege, um dieses Zinsverbot zu umgehen. Stand da nicht deutlich, dass es den Juden gestattet war, von Fremden auf geliehenes Geld einen Aufschlag zu erheben? Wer dringend eine Geldspritze brauchte, wandte sich daher an einen jüdischen Kaufmann oder Geldverleiher. Und deren gab es nicht wenige, weil das Vierte Laterankonzil 1215 die Juden von allen handwerklichen Berufen ausgeschlossen und ihnen außerdem verboten hatte, öffentliche Ämter zu übernehmen. Auf diese Weise wurden die jüdischen Mitbürger von der Kirche geradezu in die Rolle von Pfandleihern, Geldwechslern und Zinsnehmern gedrängt. Die Schuldner indessen, die eine geliehene Geldsumme samt Zinsen nicht termingerecht zurückzahlen konnten, waren für den Rest ihres Lebens ruiniert.

Weil das durch diesen Teufelskreis verursachte Elend immer größere Ausmaße annahm, verfiel Bernhardin auf den Gedanken, zinslose Darlehen zu gewähren. Um diese Idee zu verwirklichen, war vorerst ein Grundstock an Vermögenswerten notwendig. Die Frage war nur: Woher das Kapital nehmen, ohne es zu stehlen? Für einen Bettelmönch gab es da nur eine, immerhin viersilbige Antwort: Spendengelder!

In der Folge forderte der gewiefte Franziskusjünger die wohlhabenden Mitbürger auf, durch „barmherzige Zuwendungen" einen „Berg von Geld" aufzuschütten, der all jenen, die aus irgendwelchen Gründen kurzfristig ein Darlehen benötigten, zur Verfügung stehen sollte. Wohltäter spendeten reichlich, Erblasserinnen bedachten Bernhardin mit Legaten, die Städte stellten Räumlichkeiten zur Abwicklung der Geschäfte zur Verfügung. Die neu gegründete Firma nannte sich *Monte di pietà,* Berg der Barmherzigkeit. Da sie nicht auf Gewinn bedacht war, konnte sie auch Kleinunternehmern und einfachen Lohnarbeitern unter die Arme greifen, die jede andere Bank als zahlungsunfähig eingestuft hätte.

Natürlich besaß die neue Holding auch ein Logo. Dieses bestand aus einem Felsen mit drei mit Kreuzen versehenen Berggipfeln, wobei die mittlere Kuppe auf den Kalvarienberg verwies. Für seine Institution setzte sich Bernhardin bis zum Lebensende in seinen Predigten ein: Wer dem ‚Berg der Barmherzigkeit' spende, erfülle alle nur denkbaren guten Werke zugleich. O-Ton Bernhardin: „Wenn du Wein gibst, gibst du kein Brot; wenn Brot, keine Kleider … Gibst du aber dem ‚Berg', hast du alle sieben Werke der Barmherzigkeit gleichzeitig erfüllt. Denn mit deinem Geld unterstützest du den, der Brot, Wein, Kleidung, Medikamente und alles kaufen kann, was er gerade benötigt."

Bernhardin gab sich schnell Rechenschaft darüber, dass die Existenz seiner Leihanstalten langfristig nur gesichert war, wenn die Geldnehmer bereit waren, auch einen bescheidenen Beitrag an die Umtriebe beizusteuern – was praktisch auf eine, wenn auch bescheidene Verzinsung hinauslief. Dies wiederum rief die Wucherer auf den Plan, die nun um ihre großen Gewinnmargen fürchteten. Aber auch kirchliche Orden, vorab die Dominikaner und die Augustiner, sahen durch die Gebührenerhebung das kirchliche Zinsverbot verletzt. Schon zwei Jahre nach Bernhardins Tod, 1496, veröffentlichte ein Dominikaner in Cremona eine Kampfschrift mit dem Titel *Der Berg der Unbarmherzigkeit*. Dieser neue Streit um das Zinsverbot wurde erst 1515 beigelegt, als Papst Leo X. den Leihanstalten eine angemessene Zinsnahme erlaubte. Was dazu beitrug, dass sich der Zinsfuß auch bei den anderen Kreditanstalten allmählich normalisierte.

In Rom gibt es noch heute den *Palazzo della Pietà,* dem die davorliegende *Piazza della Pietà* ihren Namen verdankt. Ursprünglich handelte es sich um eine von Papst Paul III. 1539 errichtete Stiftung. Die hatte ihren Sitz zuerst in verschiedenen Gegenden der Stadt; erst um die Mitte des 17. Jahrhunderts ließ sie sich hier nieder. Zinslose Darlehen gab es damals längst keine mehr. Der Palazzo della Pietà war inzwischen zum Pfandhaus mutiert. Um kleinere Überbrückungssummen zu erhalten, mussten die Klienten jetzt einen Wertgegenstand hinterlegen. Heute beherbergt der Palazzo della Pietà Büros und Auktionsräume zur Versteigerung nicht ausgelöster Pfänder. Die Sterne mit diagonalen Bändern auf der großen Gedenktafel an der Fassade verweisen auf das Wappen Papst Clemens' VIII. (1592–1605). Eine besondere Bewandtnis hat es mit der monumentalen Uhr über dem Eingang. Die wurde von einem deutschen Konstrukteur gebaut. Das mag man schon deshalb nicht so recht glauben, weil der Stundenschlag nie mit der Uhrzeit übereinstimmt. Warum das so ist, erklärte früher eine Inschrift, die heute verschwunden ist:

> Per non essere stato al nostro patto
> l'orologio del Monte è sempre matto.
>
> Die Uhr pflegt die Zeit frei zu gestalten,
> denn der Vertrag wurde nicht eingehalten.

Im Klartext: Weil der Erbauer sich um seinen Lohn geprellt sah, hat er den Mechanismus der Uhr auf eine Art manipuliert, dass sie bis heute nicht gerichtet werden konnte.

Der selige Bernhardin von Feltre indessen gilt noch immer als Patron der Geldverleiher. Auf seinen Beistand dürfen aber nur jene hoffen, die saubere Geschäfte machen und keinen Wucher treiben.

Von der Schädlichkeit des Gotteseifers

WENN INTOLERANZ ALS TUGEND GILT

Die Hüter und Bewahrerinnen des christlichen Hausschatzes brachten es immer wieder fertig, das Wunder von Kana zu wiederholen und selbst abgestandenes Wasser in feurigen Wein zu verwandeln, indem sie dem einen oder anderen ihrer himmlischen Lieblinge ausgerechnet da hochgradigen Heroismus oder heroische Gradlinigkeit bescheinigten, wo sogar unstudierte und von psychologischen Theorien unbelastete Leute charakterliche Schwächen oder augenfällige menschliche Defizite feststellen. So gelten Starrköpfigkeit und Halsstarrigkeit, unter denen ein Heiliger leidet und andere darunter leiden lässt, unter seinen Bewunderern und Verehrerinnen als Beharrlichkeit. Oder als Standhaftigkeit. Wenn solche Menschen um ihres Glaubenszeugnisses willen gar erschlagen wurden, gilt ihre Haltung nicht als Bockbeinigkeit; man spricht dann von Prinzipientreue oder von Glaubensstärke – oder von beidem.

Das galt schon in den frühesten Zeiten des Christentums. Erinnert sei an den ersten Märtyrer, der für seinen Jesusglauben gesteinigt wurde. Wie es dabei hergegangen sein soll, erfahren wir aus der Apostelgeschichte, und zwar an jener Stelle, an der der Erzmärtyrer Stephanus seine (mit Sicherheit vom Verfasser komponierte) lange Rede hält.

Wohl verzeiht Stephanus seinen Mördern (Apg 7,60), wie auch Jesus seinen Henkern vom Kreuz herab vergeben hat

(Lk 23,34). Das hört sich sehr erbaulich an. Aber die Frage muss doch erlaubt sein, ob Stephanus seine Verfolger nicht unnötig provozierte. Damit wir uns nicht falsch verstehen: Es gibt Wahrheiten, für die es sich nicht nur lohnt zu leben, sondern auch zu sterben. Aber muss man diese Wahrheiten so verkünden, indem man Andersdenkende herabsetzt? Ihnen jeden guten Willen abspricht? Sie nach Strich und Faden diffamiert, wie Stephanus das tut, der seine Ankläger vor der Steinigung verunglimpft? Unglaublich, was er ihnen alles an den Kopf wirft! Die Argumente, die er für die Wahrheit seines Glaubens anführt, füllen Spalten. Dabei spart er nicht mit willkürlichen Beschuldigungen. „Halsstarrige" nennt er die Gegner (Apg 7,51). Dem Heiligen Geist würden sie sich widersetzen (woher er das weiß, bleibt sein Geheimnis) wie weiland schon ihre Väter, die ihrerseits die Propheten verfolgt und getötet hätten. Gesetzesbrecher seien sie allesamt!

Stephanus' Rede ist geradezu ein Musterbeispiel dafür, was sich in den kommenden Jahrhunderten (nicht nur innerhalb des Christentums, sondern auch in anderen Religionen und Weltanschauungen) immer neu wiederholte. Wer immer schon weiß, wo Gott hockt, braucht die anderen erst gar nicht mehr anzuhören. So kommt es, dass das eigene Bekenntnis nicht einladend, sondern trennend wirkt, dass es behaftet ist mit Folter, Grausamkeit und Blut. Nicht selten wurden blinde Eiferer dann ihrerseits zu Opfern – und damit zu Märtyrern. Ganz so wie Stephanus.

Es trifft dies unter anderem zu für Fidelis, von dem wir jetzt ein bisschen erzählen wollen – nicht um ihn als Beispiel hinzustellen, sondern um andere vor dessen Vorgehensweise zu warnen und zu bewahren.

Die Kirche erinnert sich seiner alljährlich an seinem Todestag, dem 24. April.

Fidelis, mit bürgerlichem Namen Markus Roy, wird im September oder Oktober des Jahres 1578 als Sohn des Bürgermeisters von Sigmaringen geboren. Mit zwanzig Jahren übt er sich in Freiburg im Studieren. 1603 holt er sich seinen philosophischen Doktorhut, bereist in den folgenden Jahren als Hofmeister junger Adeliger Frankreich, Spanien und Italien, promoviert 1611 zum Dr. juris utriusque, genießt in den folgenden anderthalb Jahren ein beträchtliches Ansehen als Gerichtsrat bei der vorderösterreichischen Regierung in Enisheim, lässt sich im September 1612 zum Priester weihen und tritt am 4. Oktober des gleichen Jahres, am Fest des heiligen Franziskus, in Freiburg in den Kapuzinerorden ein. Nach theologischen Studien in Konstanz und Frauenfeld wird er 1617 Prediger im innerschweizerischen Altdorf, wo ein Bürger, betroffen von seiner provozierenden Art, ihm schon ganz am Anfang einen Rat erteilt: „Pater, wenn Ihr hier gute Suppe essen wollt, so müsst Ihr anders predigen." Worauf der Wortfechter ihm forsch entgegenhält: „Wisst, nicht der Suppen wegen predige ich, sondern ich rede das, was mein Gewissen mir zu reden vorschreibt."[34] Ein klares Wort von einem wackeren Mann gesprochen! Ein Jahr später löffelt Fidelis seine Suppe im aargauischen Rheinfelden, und zwar ganz oben am Tisch; er ist jetzt Guardian, womit man in kirchennahen Kreisen einen Klostervorsteher bezeichnet. 1619 lernt er in Feldkirch die österreichische Küche kennen, 1621 muss er sich in Fribourg mit welscher Kost begnügen, 1622 begegnen wir ihm erneut in Feldkirch, wo er die österreichischen Truppen betreut und sich der rätischen Mission widmet, zu deren Leiter er am 19. April 1622 bestimmt wird. Schon nach wenigen Tagen, am 24. April, noch vor Erhalt der Ernennungsurkunde, wird er von protestantischen Bauern vor der Kirche im graubündnerischen Seewis erschlagen. Die Künstler geben ihm gewöhnlich eine Palme, eine Keule oder ein Schwert in die Hand, drei Attribute, die ihn als couragierten Märtyrer ausweisen.

Entsprechend groß ist die Achtung und Verehrung, die Papst Benedikt XIV. gegenüber diesem Glaubenszeugen in seiner Heiligsprechungsbulle vom 29. Juni 1746 zum Ausdruck bringt.

Einen auserwählten Weinberg hat die Rechte des Herrn gepflanzt, der aus dem einzigen Weinstock Christus besteht. Zweige aber dieses Weinstocks sind alle Gläubigen, die mit Christus innerlich verbunden sind und durch sein Leben durchströmt, genährt und erfreut werden. Diese Pflanzung darf eine gar weise Sorge und Pflege durch den himmlischen Weingärtner an sich erfahren. Vor allem darf sie bald ahnend fühlen, bald offen und klar wahrnehmen, wie unfruchtbare Zweige gerechterweise weggeschnitten und entfernt, andere aber, die Frucht ansetzen und reich tragen, in heilsamer und wohlwollender Härte gereinigt werden, dass sie noch mehr Frucht bringen.
Dieses Vorgehen, bei dem die göttliche Gerechtigkeit und Güte gleicherweise beteiligt sind, erkennen wir offenkundig im Kampf und Sieg des seligen Märtyrers Fidelis. Mit Erschütterung und Staunen sehen wir die Herzenshärte und blinde Wut jener, die durch eigene Schuld sich vom beglückenden Wurzelstock, auf dem sie heranwuchsen, losrissen, dann die vom Herrn angebotene Aussöhnung und Gnade hartnäckig zurückwiesen und den Engel des Friedens, der ihnen das Heil verkündete, ergriffen, schlugen und ermordeten.
Mit Freude und Jubel sehen wir aber auch den Siegeszug jenes Helden, der aus seiner festbegründeten Liebe zu Gott und zur Kirche heraus viele Frucht guter Werke trug und zuletzt Blut und Leben als Gott wohlgefällige Opfergabe darbringen durfte. Jene sind durch den verderblichen Geist des Irrtums in die Verblendung hineingekommen und haben durch eine Untat das Blut der Gerechten vergossen und so offenbar gemacht, dass sie nicht zum Reiche der Liebe des Sohnes Gottes gehören. Der glorreiche Blutzeuge hingegen hat für die Unversehrtheit des katholischen Glaubens und zum Heil seiner irrenden Mitmenschen andauernde Arbeiten, Mühen und Gefahren ertragen und endlich selbst den Tod so tapfer auf sich genommen, dass man wahrlich nicht so sehr vom Verlieren seines Lebens unter den Mordwaffen seiner Feinde reden möchte, sondern vielmehr vom Hineinlegen desselben in die Hand Gottes, wie man reife Frucht in die Scheuer einbringt.
Wir haben diesen herrlichen Mann in feierlichem Entscheid, der sich auch auf Rat und Zustimmung unserer ehrwürdigen Brüder,

> der Kardinäle, und ebenso der Patriarchen und vieler Erzbischöfe und Bischöfe, die in Rom zusammengekommen waren, stützen konnte, als Verkündiger und Verteidiger des Glaubens und als Blutzeugen für den Glauben anerkannt und bestätigt und stellen ihn nun kraft der apostolischen Autorität, die unserer Niedrigkeit von Gott verliehen worden ist, der Gesamtkirche zu Kult und Verehrung vor.[35]

Auf der einen Seite ist die Rede von der „Herzenshärte" und der „blinden Wut" der protestantischen Häretiker, die dem „verderblichen Geist des Irrtums" Raum gegeben und in ihrer „Verblendung" Gottes Gnade „hartnäckig" zurückgewiesen haben. Ihnen gegenübergestellt wird der „Held" und „glorreiche Blutzeuge" Fidelis, der jede Art von „Arbeiten, Mühen und Gefahren" und schließlich gar „den Tod tapfer auf sich genommen hat", um die Uneinsichtigen zu retten; ein „herrlicher Mann" also und ein wahrer „Engel des Friedens".

Tatsächlich schreibt Fidelis – *nomen est omen* – am 30. September 1612, gerade vier Tage, bevor er das Ordenskleid des Poverello aus Assisi nimmt, in sein geistliches Tagebuch (das später gedruckt werden sollte) einen Merksatz aus der Geheimen Offenbarung: „*Esto* fidelis *usque ad mortem et dabo tibi coronam vitæ* – sei *treu* bis in den Tod; dann werde ich dir den Kranz des Lebens geben" (Offb 2,10).[36]

Fortan wird Fidelis seine Treue zu Christus beharrlich unter Beweis stellen, und der skeptischste Biograf findet in seiner Vita nicht den geringsten Schatten, der darauf hindeuten könnte, dass dieser eifrige Nachfolger Jesu und Jünger des heiligen Franz auch nur einen einzigen Gedanken daran verschwendete, seine Losung *esto fidelis* in irgendeiner Weise zurückzunehmen oder aufzuweichen. Tapfer und todesmutig hat Fidelis sich für die Verbreitung des katholischen Glaubens eingesetzt. Allein schon deshalb verdient er uneingeschränkte Bewunderung. Der Märtyrertod schließlich, dessen er würdig befunden wurde, drückt seinem Leben das Gütesiegel der Heiligkeit auf.

Innerhalb eines apologetisch orientierten Denksystems erübrigt sich damit jede kritische Rückfrage schon deshalb, weil, wer vor lauter Glauben trunken ist, in der Regel kein offenes Ohr hat für die nüchternen Argumente der Historiker. Letztere interessieren sich nicht nur für den Eifer, mit dem die Geschichtshelden ihre Vorstellungen durchzusetzen versuchten, sondern fragen auch, wie sie dabei vorgingen.[37]

In den Jahren 1621/22, als Fidelis im graubündnerischen Prättigau wirkt, kommt es dort zu Unruhen, die schließlich zu einem Aufstand gegen die österreichische Staatsmacht führen. Damit verbunden ist gleichzeitig ein religiöser Konflikt. Die Bündner haben sich der Reformation angeschlossen, während die Besatzer sich zum Katholizismus bekennen. Begreiflich daher, dass die Einheimischen Fidelis nicht nur als konfessionellen Gegner, sondern auch als politischen Feind betrachten, zumal er die österreichischen Truppen seelsorgerisch betreut. Menschlich gesehen scheint es verständlich, dass man eine allein selig machende Wahrheit nicht gern zur Kenntnis nimmt, wenn diese von einem Feind des Vaterlandes verkündet wird. Gravierender ist der Umstand, dass Fidelis von Sigmaringen keinerlei Bedenken hegt gegen eine Zwangskonfessionalisierung der ‚abgefallenen' Gebiete. Nur wenige Tage vor seinem Tod, am 13. und 14. April 1622, verfasst er ein *Religionsstrafmandat*, das er am 19. April mit Unterstützung der Österreicher im Prättigau durchzusetzen beginnt (was eine Verquickung von Politik und Religion einschließt), im vollen Bewusstsein, dass er dadurch seinen gewaltsamen Tod nicht nur in Kauf nimmt, sondern *provoziert* (was aus heutiger Sicht nicht unproblematisch erscheint).

Das fragliche Mandat beinhaltet ein Zehn-Punkte-Programm, das unter anderem die Ausschaffung aller nichtkatholischen Prediger vorsieht und heimliche Zusammenkünfte unter Strafe stellt. Das ermöglicht es, private Gebetsversammlungen der Protestanten als konspirative Treffs einzustufen. Außerdem verpflichtet Fidelis die gesamte Bevölkerung des Prättigaus ungeachtet ihrer Konfession zum Besuch der katholischen Predigt (nicht aber der Messe) und der wöchentlichen Glaubensunterweisung. Schließlich, und erneut wird dabei die Politik für religiöse Interessen vereinnahmt, sollen alle Bürger einen Eid ablegen auf die staatliche – lies österreichische – und kirchliche Obrigkeit.

Angesichts eines solchen Ansinnens stehen einem nun doch die Berge zu Haare, und zwar derart, dass der eben erfolgte Verschreiber verständlich erscheint. Mag ein Hinweis auf den damaligen Zeitgeist auch manches erklären, so lässt sich damit längst nicht alles entschuldigen. In der Tat zeigten sich sogar die österreichischen Instanzen in Innsbruck entsetzt, als eine Kopie des erwähnten *Religionsstrafmandats* auf ihren Schreibtisch flatterte. Die Österreicher waren es auch, die bereits am 22. April, zwei Tage bevor Fidelis umgebracht wurde, in einer schriftlichen Note darauf hinwiesen, dass bei Durchsetzung dieser Bestimmungen ein Volksauflauf zu befürchten sei.[38]

Zeugt das *Religionsstrafmandat* nicht dennoch von einer für die damalige Zeit geradezu erstaunlichen Toleranz? Betont Fidelis nicht ausdrücklich, dass kein Bekehrungszwang herrsche? Und dass man vor der freiwilligen Bekehrung niemanden zur *Messe* und zur *Beichte* verpflichten dürfe? Die Frage ist jedoch, was die Gewissensfreiheit noch wert ist angesichts des massiven äußeren Drucks. Anton Rotzetter kommentiert die Sachlage treffend: „Was hatten die Bürger der früheren Sowjetunion davon, wenn ihnen die Verfassung die freie Meinungsäußerung garantierte? Nein, da ist nichts zu retten, das Ganze steht in Frage, sogar auch das Martyrium des heiligen Fidelis selbst."[39]

Wie das? Gibt es denn nicht noch einen weiteren Paragrafen in diesem *Religionsstrafmandat,* Punkt neun nämlich, der jene, die in der Predigt etwas nicht verstehen oder sonst Einwände gegen den Glauben vorzubringen haben, zu einem „Gespräch mit den Kapuzinern" (will sagen mit dem zweifachen Doktor Pater Fidelis) ermutigt? Ist das vielleicht kein faires Angebot zum Dialog? Demonstriert hier Fidelis nicht Entgegenkommen, signalisiert er nicht Bereitschaft zur Versöhnung?

Gerade dieser Punkt neun bringt das Problem auf den Punkt. Was ein solches „Gespräch mit den Kapuzinern" bringt, hat der hochgelehrte und höchst aggressive Pater Fidelis nämlich gerade zweieinhalb Jahre vor der Niederschrift seines *Strafmandats,* von Allerheiligen 1619 bis zum März 1620, in einem deplorablen Inquisitionsverfahren höchstpersönlich vorgeführt. Anfang November 1619 übt eine angesehene Dame in Feldkirch, Anna Zoller, offene Kritik an einer Fegefeuerpredigt des streitlustigen Paters. Der stellt ihr daraufhin einen Fragenkatalog zu, in dem sie sich zum Fegefeuer, zum Weihwasser, zum Besitz „falscher"[40] – also protestantischer – Schriften, zum Ablass und zur Fürbitte der Heiligen äußern soll. Anna Zoller weiß nicht mehr, was sie über das Fegefeuer gesagt hat. Was das Weihwasser betrifft, hat sie es in ihrem „Wert und Unwert sein gelassen", sich also nie Gedanken darüber gemacht. Aus den von ihrer Mutter geerbten Büchern hat sie öfters den Kranken „zugesprochen". Inzwischen hat sie diese Schriften ihrem Bruder geschenkt; ob sie „falsch" sind, vermag sie schlicht nicht zu sagen. Ablass und Fürbitte waren für sie nie ein großes Thema; sie hat lediglich gehört, dass die Kirche diese Dinge nicht von Anfang an praktizierte und dass sie demnach nicht der apostolischen Tradition zuzurechnen sind.

Die letzte Frage allerdings, die Anna Zoller beantworten soll, hat es in sich; sie zielt darauf, ob sie bereit ist zu beeiden, dass sie katholisch bleiben will. Anna Zoller kann und mag keinen Schwur leisten; sie könne genauso schwach werden wie Petrus, der auch geschworen habe, für Christus zu sterben. Und schon gar nicht sehe sie sich imstande, das geforderte feierliche Glaubensbekenntnis des Trienter Konzils abzulegen; sie habe nämlich gehört, dass „Flüche und Eide" in dieser Formel enthalten seien. „Und dass ich einen Eid schwören müsste, würde mir ein Leben lang ein unruhiges Herz bereiten."[41]

Anna Zoller erhält eine mehrwöchige Bedenkzeit, an deren Ende sie beteuert, alles zu glauben, was die Katholiken glauben. Außerdem verspricht sie, alles zu tun, was die katholische

Glaubenspraxis von ihr verlangt. Bloß den geforderten Eid auf das Glaubensbekenntnis mag sie aus den genannten Gründen nicht leisten. Auf dieses Angebot geht die Gegenseite schon gar nicht ein, sondern ordnet vielmehr eine Hausdurchsuchung an, bei der man eine Schrift eines protestantischen Verfassers findet. Damit ist das Schicksal der tapferen Frau besiegelt. Am 10. März 1620 wird sie aus Feldkirch verbannt. Und der Kapuzinerpater, dem eine feste Überzeugung allemal mehr bedeutet als eine fette Suppe, kann Gott dafür danken, dass die Wahrheit wieder einmal den Sieg davongetragen hat. Die Frage, ob sein Dankgefühl deshalb so groß ist, weil er einen persönlichen Triumph errungen hat, wollen wir an psychologisch Versierte weitergeben.

Spätestens hier werden die Anwälte des Heiligen den Warnfinger und die Stimme erheben: Einspruch, Euer Ehren! Zeugt es nicht von mangelndem Geschichtsbewusstsein, wenn man die Ereignisse der Vergangenheit von der Warte der Gegenwart aus beurteilt? Wer ein objektives Urteil fällen will, kommt nicht umhin, die damaligen Zeitläufte zu berücksichtigen! Dass man im Nachhinein alles besser weiß, weiß man bekanntlich schon, bevor die Zukunft Gegenwart geworden ist!

Wer so argumentiert, findet in der ersten, im Jahr 1623 von dem Kapuziner Hieronymus Gundersheimer verfassten *Lebensbeschreibung des heiligen Fidelis*[42] mancherlei Schützenhilfe. In dieser Schrift werden die katholischen und österreichtreuen Landsleute allesamt als wackere Kämpfer gefeiert, während die protestantischen Bündner offenbar eine skrupellose Schurken- und Mörderbande sind. Fidelis selbst erscheint als unschuldiges Opferlamm, das von den verblendeten Häretikern hingeschlachtet wird. Dass der Verfasser der *Vita* die vorangehenden von Katholiken inszenierten blutigen Protestantenverfolgungen mit keinem Wort erwähnt, erklärt sich auch oder gerade aus dem damals herrschenden Zeitgeist. Dieser immer wieder zur Beschönigung von Gräueltaten herbeibeschworene Zeitgeist macht sich selbstverständlich auch auf der Gegenseite bemerkbar.

Noch am 20. Juli 1899 erinnerte die Zeitung *Der freie Rätier* ihre Leserschaft daran, dass „bekanntlich im Jahre 1622 beim Aufstand der Prättigauer gegen die österreichische Soldateska und die sie begleitenden Kapuziner der Pater Fidelis auf der Flucht vor dem seinen [protestantischen] Glauben verteidigenden Volke den Todesstreich erhalten" hat.[43] Im Klartext: Die Protestanten erwiesen sich damals als Charakterköpfe, die für ihre Überzeugung geradestanden; die Österreicher hingegen gebärdeten sich als wilder Haufen, und der von den Katholiken hochverehrte Fidelis war ein Angstpeter, der Reißaus nahm, als die Lage brenzlig wurde.

Tendenziöse Berichterstattung gab es also auf beiden Seiten. Aber es gibt auch Zeugnisse dafür, dass es trotz der damaligen angespannten Situation nicht unmöglich war, einen klaren Kopf zu behalten. Wie wir bereits gesehen haben, zeigten sich sogar die staatlichen Instanzen in Innsbruck beunruhigt, als sie das *Religionsstrafmandat* des Pater Fidelis in Händen hielten. Ein weiteres Beispiel für Zurückhaltung und Toleranz ist Anna Zoller, die sich nicht nur durch ihren Glaubensmut und ihre Glaubenstreue, sondern in höchstem Maß auch durch Standfestigkeit, Beharrlichkeit und Entschlossenheit auszeichnete, alles Tugenden, die auch einem Fidelis von Sigmaringen nachgesagt werden. In einem allerdings unterscheidet sich die ungebildete Frau grundlegend von dem gelehrten Kapuziner: Sie ist von einer geradezu entwaffnenden Nachsicht; sie mag und kann nicht schwören, weil sie niemanden wegen unterschiedlicher Ansichten verurteilen will. Angesichts solch beispielhafter Duldsamkeit erscheint Fidelis als beispielloser Fanatiker.

Gewiss war Fidelis *auch* ein unerschrockener Prediger, ein unnachgiebiger Kämpfer für den Glauben, ein unermüdlicher Verkünder der Wahrheit. Aber war er darüber hinaus auch ein „Engel des Friedens", wie die Heiligsprechungsbulle behauptet? Gerade wenn man sich die damalige Zeit vergegenwärtigt, wird man sagen müssen, dass dieser Ehrentitel eher einer Anna Zoller als einem Fidelis von Sigmaringen gebührt.

Wer einen bestimmten Menschen in besonderer Weise verehrt, unterliegt allzu leicht der Versuchung, dessen Charakterschwächen mit Tugenden zu verwechseln. Das trifft auch für viele Hagiografen zu. Fidelis war zweifellos der heroische Streiter Christi, als den die Heiligsprechungsbulle ihn darstellt. Was die *Mittel* betrifft, die er in seinem Kampf für die Wahrheit einsetzte, mag er persönlich in gutem Glauben gehandelt haben. Aber wer sich mit allen Kräften einsetzt, um seine Überzeugungen durchzusetzen, tut besser, sich bezüglich der Vorgehensweise nicht an den Kapuzinerpater aus Sigmaringen, sondern an die achtbare Dame aus Feldkirch zu halten. Denn in dieser Hinsicht stand Anna Zoller dem Evangelium entschieden näher als ihr Inquisitor, der es wahrscheinlich sogar auswendig hersagen konnte.

Von dem Schweizer Schriftsteller Max Frisch stammt ein Wort, das zeigt, wie man Andersdenkende am ehesten von den eigenen Einsichten überzeugen kann: „Man sollte den anderen die Wahrheit wie einen Mantel hinhalten, dass sie hineinschlüpfen können, und sie ihnen nicht wie einen nassen Lappen um die Ohren schlagen."[44]

Der Zeuge, der nicht zeugen durfte

WIE EIN ZWEIFLER SICH IM GLAUBEN BEWÄHRT

ES IST SCHON PARADOX. Einerseits weist der liturgische Kalender dem heiligen Josef einen Platz in den vorderen Rängen zu. In der Geschichte der christlichen Frömmigkeit hingegen zählt er zu jenen Abseitsgestalten, die immer wieder anderen Heiligen den Vortritt lassen mussten, die der schlichte Volksglaube mit größeren Wunderkräften und mit einem helleren Glorienschein ausgestattet hat. Schon zu Lebzeiten bewegte er sich nie im Rampenlicht des Welttheaters noch im Lampenlicht der Historie, sondern immer nur im Schattendunkel des Alltags.

Wenn Ochs und Esel an der Futterraufe fehlten, würde das vermutlich eher auffallen, als wenn man vergessen hätte, den heiligen Josef vom Speicher herunterzuholen, wo er das Jahr über zusammen mit den übrigen Krippenfiguren auf seinen weihnachtlichen Einsatz wartet.

Schon in den Evangelien kommt er gewissermaßen nur in Nebensätzen vor. Nicht einmal seinen Vater kennen wir. Matthäus benennt ihn mit dem Allerweltsnamen Jakob (Mt 1,16). Lukas behauptet, er habe Eli geheißen (Lk 3,23).

Hat Josef Jesus überlebt? Oder stand der Pflegesohn dem Ziehvater in der letzten Stunde bei? Wir wissen es nicht. Kam es gelegentlich zu kleineren (oder größeren?) Vater-Sohn-Konflikten, die einem jungen Menschen helfen, erwachsen zu werden? Nichts spricht dagegen, aber es spricht auch nichts dafür. Musste Maria manchmal vermitteln zwischen den beiden? Wie hat Josef ihr seine Zuneigung bekundet? Mit welchen Worten und Gesten hat er ihr seine Liebe bezeugt? Mit welcher Partei hat er sympathisiert? Mit den sadduzäischen Tempelaristokraten? Mit den Pharisäern, die sich aus soliden Handwerkern und kleinen Gewerbetreibenden rekrutierten? Unterstützte er die Zeloten? Hat er in der Synagoge vorgelesen? Auch darüber wissen wir: nichts.

Was wir über Josef sagen können, findet auf einer Postkarte Platz. Oder auf der Briefmarke, die wir daraufkleben. Zum letzten Mal erwähnen die Evangelisten Josef, als er mit seiner Familie nach Jerusalem zieht, um in der Heiligen Stadt die Bar Mizwa, den Eintritt ins Mannesalter und damit die Religionsmündigkeit des zwölfjährigen Jesus zu feiern. Dann verliert sich seine Spur im Dunkel der Geschichte.

Und die pflegt die Namen und Taten der Durchschnittsmenschen nicht aufzuzeichnen in ihren Annalen. Ganz nebenher nur, aus dem Mund seiner Landsleute in Nazaret (und auch nur, weil diese sich mit seinem Sohn anlegen), erfahren wir, dass Josef der gesellschaftlichen Mittelschicht angehörte (Mk 6,3) und somit – vermutlich – ein hinreichendes Auskommen hatte als Baumeister oder als Zimmermann oder als Schreiner. Auch als Steinmetz oder als Schmied könnte er sich betätigt haben. Oder als Bildhauer, möglicherweise gar als Kunsthandwerker. Die von Markus verwendete griechische Berufsbezeichnung *téktōn* umfasst ein ganzes Spektrum an Bedeutungen; überdies lässt sich schwer sagen, welcher aramäische Begriff ihr zugrunde liegt … Sinnlos, über Qualifikationen zu spekulieren.

Wie alt war Josef, als seine Braut mit Jesus schwanger ging? Auch darauf geben die Evangelien keine Antwort. Falls er in den Jahren stand, in denen ein Mann damals seine Verlobte heimführte, war er einiges unter zwanzig. Dem Matthäusevangelium zufolge wollte Josef seine Braut verlassen, als ihre Schwangerschaft offenbar wurde. Denn Josef war *díkaios* (Mt 1,19), „rechtlich" denkend oder korrekt, wie wir heute sagen. Er war nicht willens, einem Kind seinen Namen zu geben, das von einem anderen Vater stammte. Deshalb erwog er, Maria den Scheidebrief auszustellen und sich von ihr ohne große Formalitäten, „in aller Stille" (Mt 1,19), zu trennen. Die andere Möglichkeit wäre gewesen, einen öffentlichen Prozess anzustrengen. Damit hätte er seine Braut nicht nur der Schande, sondern auch der Steinigung wegen Unzucht ausgeliefert (vgl. Dtn 22,20–21) – und das wollte er ihr offenbar ersparen. *Deshalb* bezeichnet Matthäus ihn als einen redlichen Menschen mit Charakter.

Noch bevor Josef seine Gedanken auf die Reihe gebracht hat, wird er von einem Engel heimgesucht. Auf dessen Zuspruch hin tritt er die Vaterschaft an – und gleichzeitig wieder in den Hintergrund.

Weiter berichtet Matthäus, dass die Heilige Familie, kaum dass das Kind geboren ist, einen Abstecher zu den Pyramiden macht, und zwar auf Geheiß eines Engels, der ihm im Traum erscheint, und aus politischen Gründen, weil der König Herodes alle vermeintlichen potenziellen Königsanwärter umbringen will. Das erinnert an einen Namensvetter des Ziehvaters Jesu, nämlich an den alttestamentlichen Jakobsohn Josef, den seine Brüder als Träumer verspotten. Die Gestalt des Herodes, der den Neugeborenen nach dem Leben trachtet, wird nach dem Vorbild des Pharao gestaltet, der verfügte, dass alle männlichen Israeliten gleich nach der Geburt umzubringen seien. Und wie weiland der kleine Mose entkommt auch das Jesuskind der Hand der Häscher. Die Botschaft ist klar: Jesus ist der neue Mose.

Nach Herodes' Tod kehrt Josef mit seiner Familie, wiederum der Weisung eines Traumengels folgend, „in das Land Israel" zurück und lässt sich in Nazaret nieder (Mt 2,19–23). Mehr weiß der Evangelist Matthäus vom Ziehvater Jesu nicht zu sagen.

Lukas überliefert noch ein paar andere Details, die sich allerdings nicht ganz in das von seinem Kollegen gezeichnete Bild fügen. Von Josefs Zweifeln an der Treue seiner Verlobten ist dem dritten Evangelisten nichts bekannt. Hingegen berichtet er von einer Reise, die das Paar nach der Davidsstadt Betlehem unternimmt, um sich dort in die Steuerlisten einzutragen. Vierzig Tage nach Marias Niederkunft macht sich Josef mit seiner Familie auf den Weg von Betlehem nach Jerusalem, um im Tempel das für Wöchnerinnen übliche Reinigungsopfer darzubringen. Dann kehrt die Familie direkt „nach Galiläa in ihre Stadt Nazaret zurück" (Lk 2,39). Von Josef ist nur einmal noch kurz die Rede, im Zusammenhang mit der bereits erwähnten Wallfahrt nach Jerusalem, bei welcher Gelegenheit der Gottessohn die Gottesgelehrten das Staunen lehrt (Lk 2,4–51).

Auch wer in Sachen Literaturkritik nicht besonders versiert ist, wird ganz von selbst auf den Gedanken kommen, dass es Matthäus und Lukas bei der Niederschrift der Kindheitserzählungen Jesu in erster Linie nicht um *Geschichte* ging. Ihnen lag vor allem daran, die *davidische Herkunft Jesu* hervorzuheben. Denn aus dem *Geschlecht Davids*, und aus Betlehem, der *Stadt Davids*, musste nach einer damals fast allgemein verbreiteten Meinung der Messias hervorgehen. Vor diesem Hintergrund ist verständlich, warum in den Kindheitsüberlieferungen Jesu nur am Rand von Josef die Rede ist. Wichtig ist nicht dessen Biografie. Bedeutsam ist vielmehr der Umstand, dass der gesetzliche Vater Jesu aus dem Haus und Geschlecht Davids stammt (Lk 2,4). Wenn der Traumengel Josef mit „Sohn Davids" anredet (Mt 1,20), gilt diese Begrüßung letztendlich jenen Leserinnen und Lesern, die noch immer nicht begriffen haben, dass Josef nicht als Individuum auftritt, sondern dass er für die davidische Herkunft Jesu und damit für dessen Messianität geradesteht. So kommt es denn zu dem Paradox, dass Josef zwar keine Biografie, aber einen Stammbaum vorzuweisen hat. Mit einem Wort: Seine Person wird auf ihre Funktion reduziert. Die Evangelisten *bedienen* sich seiner bloß, um die Ahnentafel Jesu abzusichern. Tatsächlich geht Josef ganz in der Rolle des Dieners auf; und wie ein Diener entschwindet oder verschwindet er, nachdem er seine Pflicht und Schuldigkeit getan hat. Damit wird der Zieh- oder Leihvater Josef zum ersten Zeugen der Messianität Jesu. Aber – welch ein Paradox schon wieder! – zeugen und Vater werden darf er nicht.

Das wollte schon in den ersten Jahrhunderten vielen nicht einleuchten, offenbar weil man sich schwertat mit der Vorstellung, dass Josef zwar Vater, aber kein Mann sein sollte. Dazu kam, dass an einigen Stellen in den Evangelien ausdrücklich von Jesu Brüdern und Schwestern die Rede ist (Mk 3,32), von denen einige sogar mit Namen genannt sind, nämlich Jakobus, Joses, Judas und Simon (Mk 6,3). Dieser Sachverhalt gab verständlicherweise Anlass zu allerlei Spekulationen über Josefs Vaterrolle und seine Beziehung zu Maria. So verwundert es nicht, dass mehrere außerbiblische Schriften das Leben und Los des heiligen Josef ausführlich schildern. Zu diesen Schöpfungen, die in der Fachwelt als Apokryphen bezeichnet werden, gehören unter anderem ein *Evangelium von der Geburt Marias* (bekannt auch unter der Bezeichnung *Jakobusevangelium*), ein *Armenisches Evangelium von der Kindheit Jesu*, ein *Evangelium des Pseudo-Matthäus* sowie eine *Geschichte des Zimmermanns Josef.*

Diesen Schriften zufolge hat Josef – alt, verwitwet und Vater von vier Söhnen und zwei Töchtern – seinen Wohnsitz in Betlehem. Maria, seine zukünftige Braut, verbringt ihre jungen Tage dieweil in Jerusalem, wo sie als Tempeljungfrau ein Keuschheitsgelübde abgelegt hat. Als sie ins heiratsfähige Alter kommt, muss sie den Tempel verlassen. Wegen ihrer Monatsblutung würde sie den heiligen Ort verunreinigen.

Was die Priesterschaft veranlasst, alle Witwer aus dem Stamm Juda nach Jerusalem zu beordern. Und alle sollen sie ihren Hirtenstab mitbringen.

Die Herolde schwärmen aus, bis ins letzte Nest und in die hinterste Ecke Judäas, und trommeln sämtliche Witwer zusammen. Unter diesen, wir ahnen es schon, befindet sich ein etwas linkisch wirkender älterer Mann aus dem Geschlecht Davids mit Namen Josef. Der hat Söhne und Töchter aus einer früheren Ehe. Die Trauer über den Tod seiner Frau ist so groß, dass er keine andere mehr heiraten mag. Sein Wohnsitz ist Betlehem, wo er ein Bauunternehmen führt. Abwechslung bieten ihm sein Schrebergarten und ein kleiner Rebberg. Als er zusammen mit vielen anderen in der Heiligen Stadt eintrifft, ahnt er nicht, dass sich ausgerechnet für ihn allerlei Komplikationen ergeben werden.

Es beginnt damit, dass die Männer ihre Hirtenstäbe kennzeichnen und sie den Priestern anvertrauen, die sie in den Tempel bringen. Dort werden sie die Nacht über verwahrt. Am Morgen erhält jeder seinen Stab zurück. Kaum dass Josef seinen Stock entgegennimmt, sprießt daraus eine Blüte, deren Duft die ganze Umgebung erfüllt – ein Fingerzeig des Himmels, der darauf hindeutet, dass Josef dazu bestimmt ist, die Jungfrau heimzuführen. Nach anfänglichem Widerstreben nimmt er Maria zu sich in sein Haus. Die Vermählung findet ohne große Feierlichkeiten statt, handelt es sich doch bloß um eine Scheinheirat, da die Priester das Mädchen Mirjam dem betagten Josef nicht zur Frau, sondern lediglich in seine Obhut gegeben haben. Nur unter dieser Voraussetzung nämlich hat Maria eingewilligt, mit Josef unter einem Dach zu leben. Der wird so zu einem Spätberufenen der Heilsgeschichte.

Die in den Apokryphen enthaltenen Schilderungen von der Empfängnis Mariens und der Geburt Jesu unterscheiden sich von den entsprechenden Darstellungen der Evangelien vor allem durch die die Ereignisse begleitenden Wunderzeichen. Um die Tempelpriester zu überzeugen, dass er keinen ehelichen Umgang mit Maria gehabt hat, unterzieht sich Josef der Bitterwasserprobe. Dabei handelte es sich um ein veritables Gottesurteil, das man vorwiegend über Frauen verhängte, die von ihren eifersüchtigen Ehemännern der Untreue verdächtigt wurden. Die Probe bestand darin, dass die Angeklagten aus einem Rinnsal in der Nähe des Tempels trinken mussten, das angeblich von einer giftigen Quelle gespeist wurde. Da Josef nach dem Genuss des Bitterwassers weder von Durchfall noch von Schmerzen in der Bauch- und Hüftengegend gepeinigt wird, gelten seine Unschuld und die geistgewirkte Empfängnis Marias als erwiesen.

Im ägyptischen Exil und später in Nazaret bekommt Josef jede Menge Ärger, weil sich der Jesusknabe konstant danebenbenimmt. Nicht nur seine Verwandtschaft findet es ein bisschen übertrieben, dass er einen fünfjährigen Spielgefährten mit dem Tod bestraft, weil dieser sich im Sandkasten allzu mutwillig gebärdet ... Allerdings erweckt der kleine Jesus dieses „Kind der Bosheit" dann wiederum zum Leben, und zwar mit der seltsamen Begründung, es sei nicht würdig, „in die Ruhe seines Vaters" einzugehen.

Obwohl sich das Leben unter derartigen Umständen manchmal etwas schwierig gestaltet, leidet Josefs berufliche Karriere nicht darunter. Immerhin schafft er es, eine Filiale in Kafarnaum zu eröffnen. Zeitweise übersiedelt die Familie sogar ganz in diese Stadt, nicht zuletzt um dem lästigen Gerede zu entgehen, das der junge Jesus in Nazaret wegen seines auffälligen Verhaltens verursacht.

Der *Geschichte des Zimmermanns* zufolge stirbt Josef im Alter von hundertelf Jahren nach einer kurzen Krankheit in den Armen seines inzwischen neunzehnjährigen Sohnes einen gottseligen Tod.

Das Josefsbild der christlichen Frömmigkeitsgeschichte ist weit mehr von den außerkanonischen Schriften als von der Bibel geprägt. Während Josef in den Kindheitserzählungen Jesu und in den pittoresken Ausgestaltungen des Marienlebens sich fast immer mit einer Nebenrolle begnügen muss, rückt er in der bildenden Kunst des Spätmittelalters etwas mehr in den Mittelpunkt. Seine Traumgesichte, die Reise nach Betlehem und die Flucht nach Ägypten, aber auch seine Vermählung mit Maria, das Stabwunder und die Bitterwasserprobe gehören vor allem im byzantinischen Raum zu den bevorzugten Motiven. Eigentliche Andachtsbilder kommen erst im 15. Jahrhundert auf. Ein frühes Zeugnis dafür bildet das älteste Andachtsbild in Santa Croce in Florenz; es stammt von dem Giotto-Schüler Taddeo Gaddi († 1366) und zeigt den greisen Josef mit dem blühenden Stab. Seit dem 16. Jahrhundert setzen die Künstler vermehrt auch Josefs Tod ins Bild. Im 17. und 18. Jahrhundert entstehen jene typischen Andachtsbilder, die den Nährvater Jesu mit einer

Lilie in der Hand und mit dem Jesuskind auf dem Arm präsentieren. Abgesehen einmal von diesen auf Erbauung zielenden Schöpfungen muss sich der Bräutigam Marias in der Kunst weiterhin mit seiner Statistenrolle abfinden.

Seltsamerweise haben gerade die apokryphen Erzählungen, die Josef als einem Mitakteur der Heils- und Erlösungsgeschichte einen etwas breiteren Raum zubilligen, indirekt dazu beigetragen, dass er in der mittelalterlichen und teilweise auch in der frühneuzeitlichen Kunst an den Rand gedrängt wurde. In figürlichen Schilderungen des Marienlebens steht durchweg seine Braut im Mittelpunkt. Josef darf allenfalls dann aktiv werden, wenn es gilt, den Esel gen Ägypten zu führen. Aber wenn die Künstler die Initialen alter Handschriften malen, wenn sie die Portale der gotischen Kathedralen mit steinernen Figuren bestücken, wenn sie auf Fresken oder Gemälden die Geburt Jesu oder dessen Darstellung im Tempel ins Bild setzen, ist Josef zwar präsent und gleichzeitig doch abwesend. Fast immer wirkt er ein bisschen zerstreut und überfordert; sein Auge schaut gutmütig, aber sein Gesichtsausdruck ist desinteressiert. Gedankenverloren sitzt er da. Unbeteiligt wartet er in einer Ecke den Gang der Ereignisse ab, als würde er spüren, dass er nichts zu sagen und wenig zu fragen hat. Auf unzähligen Darstellungen der Geburt Jesu erweckt der Mann mit den Altersfalten im Gesicht den Eindruck, als würde er gar nicht mehr so richtig mitkriegen, was um ihn herum geschieht.

Der Anschein trügt. Wenn wir genau hinschauen, wirkt Josef keineswegs abwesend, sondern grübelt nach. Die Zweifel, die ihn vor der Niederkunft Marias beschäftigen, suchen ihn erneut heim. Hatte, was Marias Schwangerschaft betrifft, vielleicht nicht doch ein Mann seine Hand (und nicht nur diese) im Spiel? Obwohl dieses Motiv des Josefszweifels (so der Fachausdruck) in der mittelalterlichen Kunst häufig auftaucht, wird es kaum wahrgenommen.[45] Allenfalls fällt auf, dass Josef häufig in sich versunken im Abseits sitzt – wie einer, der bestellt und nicht abgeholt wurde.

Dass Josef als greisenhafte Gestalt vorgeführt wird, geht, wie bereits angedeutet, auf die apokryphen Erzählungen zurück, in denen der Argwohn gegenüber der menschlichen Natur stärker durchscheint als alles Vertrauen auf die göttliche Gnade. Ein jugendlicher, lendenkräftiger Josef an Marias Seite hätte vermutlich Anlass zu allerlei unorthodoxen Spekulationen gegeben.

Auch in den Apokryphen zeigt Josef wenig Profil. Nie haut er auf den Tisch. Nie zeigt er, wo es langgeht. Niemals tritt er als Protagonist in Erscheinung. Rechtlich gesehen ist er der Hausherr, in Wirklichkeit macht er den Diener. Weil er der perfekte Dienstmann ist, hat man in ihm auch den idealen Ehepartner gesehen. Letzteres ist aufgrund der Quellenlage schwer zu beurteilen. Aber das Erstere trifft zu.

Auf diese dienende Rolle Josefs innerhalb der Heilsgeschichte verweist eine berühmte, historisch gesehen allerdings höchst zweifelhafte Reliquie, die in Aachen aufbewahrt wird und im ausgehenden Mittelalter unzählige Pilger und Wallfahrerinnen faszinierte. Bei der fraglichen Reliquie handelt es sich, wie ein Holzschnitt aus dem Jahr 1468 uns belehrt, um „Josephs hosen do jhesus in gewonden [gewickelt] wart und in die krippen geleit [gelegt] wart". Weil Maria keine Windeln hat, um ihr Kind zu wickeln, opfert Josef seine Hose.

Diese merkwürdige Geschichte rührt an den Kerngedanken des Weihnachtsgeschehens; nicht nur führt sie uns vor Augen, dass Gott *wirklich* Mensch geworden ist und damit teilhat an aller menschlichen Armseligkeit und Not, sondern sie erinnert auch daran, dass das frierende Jesuskind auf alle Armen und Ausgeschlossenen unserer verqueren Welt verweist. Und dieses Kind wird Jahre später einmal sagen: „Was ihr einem meiner Geringsten getan habt – mir habt ihr es getan" (Mt 25,40).

Ausgerechnet Josef, der graue greisenhafte Mann, der mit seinen müden Augen abwesend und gedankenverloren in die Welt blickt und den die Künstler nicht selten, wer weiß warum, aus dem Lichtkreis der Stalllaterne verbannen, wird hellwach angesichts der Bedürftigkeit des Kindes.

Immer tritt er als Diener auf, und als solcher tritt er gar nicht eigentlich in Erscheinung. Er gehört zu denen, die im Hintergrund wirken. Aber ist es nicht gerade diesen seltsamen und oft belächelten Gestalten zu verdanken, dass das Kind in der Krippe und alle jene, auf die dieses Kind verweist, menschliche Zuwendung und so etwas von Gottes Wärme zu spüren bekommen?

Vom Küchenmeister zum Ketzerbekämpfer

WARUM EIN KARDINAL VOR DEM HEILIGENHIMMEL ANTICHAMBRIERT

Die Angelegenheit schien so wichtig, dass Papst Pius V. sie zur Chefsache erklärte. Auf dem Spiel stand nichts Geringeres als der gute Ruf der Kirche. 1559 war in Magdeburg unter der Leitung des gelehrten Flacius Illyricus der erste Band einer von Lutheranern verfassten Kirchengeschichte erschienen, deren Ziel es war, die neue Lehre als Wiederherstellung des wahren Glaubens auszuweisen und gleichzeitig das Papsttum und die römische Kirchenorganisation als Irrweg zu entlarven. Das Werk, das im Lauf der Zeit auf mehrere Bände anwuchs, fand in ganz Europa Verbreitung. Weil die Verfasser angefangen von der Geburt Jesu bis zur Reformation jedes Jahrhundert der Kirchengeschichte eigens behandelten, bürgerte sich dafür schon bald die Bezeichnung *Magdeburger Centurien* ein. Um der reformatorischen Propaganda entgegenzuwirken, beauftragte Pius V. Ende Mai 1567 den Jesuiten Petrus Canisius, eine Erwiderung zu schreiben. Der war zwar gut bewandert in der Bibel und in den Schriften der Kirchenväter, aber ungeübt im Umgang mit historischen Quellen. Statt einer auf Archivmaterial basierenden Kirchengeschichte verfasste er zwei Bücher über Johannes den Täufer und Maria, in denen er mit einer Fülle von Bibelzitaten die von den Reformatoren bestrittene Gnadenlehre der katholischen Kirche verteidigte. Weil Canisius mit der ihm angeborenen Pedanterie auch noch die ihm zugeteilten Mitarbeiter verärgerte, bewogen die Ordensoberen die römischen Instanzen 1578 zur Rücknahme des delikaten Auftrags.

Auch in Rom hatte man inzwischen erkannt, dass man für das geplante Gegenprojekt einen Kirchenhistoriker größeren Kalibers benötigte, der sich nicht bloß auf apologetische Erklärungen und rhetorische Beteuerungen beschränkte, sondern, ganz wie die lutherischen Gegner, die historischen Quellen auswertete. Dafür aber kam nur einer in Frage, der im Glauben bewährt und in den Geschichtswissenschaften bewandert war: Cesare Baronius.

Baronius? Cesare? Von ihm ist heute noch in jeder Kirchengeschichte die Rede, und zwar nicht bloß in einer Fußnote. Geboren wurde er am 30. August 1538 in Sora, in der Campagna. In Veroli, Neapel und Rom widmete er sich dem Studium der Theologie. 1557 verschlug es ihn von Napoli nach Roma. Dort wohnte er zunächst für sieben Jahre im Haus eines Adeligen namens Giovanni Parravicini, wo er ein paar Gemälde, die sein sittliches Empfinden störten, kurzerhand mit Farbe übertünchte. 1561 erlangte er die Doktorwürde im kirchlichen und staatlichen Recht. 1564 ließ er sich zum Priester weihen und schloss sich als einer der Ersten dem damals stadtbekannten Philipp Neri und der von ihm gegründeten Priestergemeinschaft der Oratorianer an. Als die in Deutschland gedruckten *Magdeburger Centurien* auch in Italien für heiße Köpfe sorgten, hielt Baronius auf Geheiß Philipp Neris allwöchentlich Vorträge über Fragen zur Kirchengeschichte.

Gleichzeitig beförderte Philipp Neri den passionierten Historiker nicht nur zum Kirchenlehrer, sondern ernannte ihn auch zum Küchenchef. Irgendwann aber muss diese Arbeit dem studierten Speisemeister dann doch zu viel geworden sein. Um seinen Vorgesetzten daran zu erinnern, dass er ihn ein bisschen entlasten könnte, schrieb Baronius eines Tages in großen Lettern mit Kohle über den Kamin in der Küche:

Wie Philipp Neri darauf reagierte, ist nicht überliefert. Sicher hingegen scheint, dass Baronius sich auf dem Gebiet der Kirchengeschichte eindeutig besser auskannte als im Bereich der Küche. Das ergibt sich daraus, dass von ihm keine Kochrezepte überliefert sind.

Aufgrund seiner Vortragstätigkeit bestand an der römischen Kurie kein Zweifel, dass Baronius der geeignete Mann war, um den nordländischen Ketzern Paroli zu bieten.

Der widmete sich, nachdem er endlich vom Küchendienst befreit war, fast ausschließlich den Quellenstudien, hielt weiterhin Vorträge und begann seine Redemanuskripte im Hinblick auf eine Veröffentlichung zu überarbeiten. In den Jahren 1588 bis zu seinem Todesjahr 1607 erschienen nicht weniger als zwölf umfangreiche Bände unter dem Sammeltitel *Annales ecclesiastici a Christo nato ad annum 1198* (Kirchengeschichte von der Geburt Jesu bis zum Jahr 1198). Dabei war Baronius' Projekt mindestens ebenso ehrgeizig wie das seiner lutherischen Konkurrenten. Und das Werk hält, was der Titel verspricht; es handelt sich um das umfassendste bisher veröffentlichte kirchenhistorische Standardwerk.

1593 übernahm Baronius die Leitung der von Philipp Neri gegründeten Gemeinschaft der Oratorianer. Ein Jahr darauf ernannte ihn Papst Clemens VIII. zu seinem Beichtvater und 1596 machte er ihn gar zum Kardinal – und drohte ernsthaft mit Strafmaßnahmen, als der Geehrte sich zunächst weigerte, dieses Amt zu bekleiden. 1605, nach dem Tod Clemens' VIII., wollten die Kardinäle Baronius während eines ziemlich turbulenten Konklaves zum Oberhaupt der Kirche wählen. Doch der beschwor sie eindringlich, davon abzusehen; es gab ja im Moment keinen Papst, der ihn diesbezüglich, wie vormals anlässlich seiner Kardinalsernennung, hätte unter Druck setzen können. Gut zwei Jahre später, am 30. Juni 1607, verstarb Baronius. Seine vorletzte Ruhestätte fand er in der Krypta der römischen Kirche

Santa Maria in Vallicella (bekannt auch unter der Bezeichnung *Chiesa Nuova*). Im Frühjahr 2008 wurden die Gebeine exhumiert und am 16. April in der rechts vom Hochaltar gelegenen Seitenkapelle in einem Marmorsarkophag beigesetzt.

Baronius' *Annalen* wurden später nicht nur ins Deutsche, ins Französische und ins Italienische, sondern auch ins Polnische und sogar ins Arabische übersetzt. Nach dem Tod des Verfassers führten andere Gelehrte dessen Arbeit fort, sodass im Lauf der Jahrhunderte eine Kirchengeschichte entstand, die 37 umfangreiche Bände umfasste. So hatten denn die Angriffe der Magdeburger Neugläubigen doch noch ihr Gutes. Im Grunde ist es ja ihnen zu verdanken, dass die katholischen Kirchenhistoriker damit begannen, die Archive zu durchforsten und die Bestände auszuwerten.

Die höchste Belohnung für Baronius' Wirken steht noch aus. Wurde er früher in der Küche festgehalten, muss er jetzt im Heiligenvorhimmel antichambrieren. Bis er Einlass findet, kann es noch eine ganze Weile dauern. Zuerst muss wohl noch abgeklärt werden, ob die von ihm im Palazzo Parravicini verunstalteten Gemälde als barbarische Bilderstürmerei einzustufen sind. Das Seligsprechungsverfahren wurde erst im Januar 2008 eingeleitet.

Wenn der Bischof machtlos ist

WIE HEIDNISCHE SCHICKSALSGÖTTINNEN IM CHRISTENTUM ÜBERLEBTEN

Hochgemute Führerinnen von Gottes Heer hat es in der Kirche immer schon gegeben – aber die kamen nur relativ selten so richtig zum Zug. So hatte die heilige Klara von Assisi (1193/94–1253) immense Schwierigkeiten, das von Franziskus übernommene radikale Armutsgelübde gegenüber der Kirchenleitung für ihre Gemeinschaft umzusetzen. Jeanne d'Arc (1412–1431), die Jungfrau von Orléans, wurde verbrannt, unter anderem deshalb, weil sie Männerkleidung trug – und erst 1920 von Benedikt XV. durch die Verleihung eines Heiligenscheins rehabilitiert. Der von Mary Ward (1585–1645) gegründeten Gemeinschaft der ‚Englischen Fräulein' (wie diese Schulschwestern noch heute genannt werden) versagte Urban VIII. die Anerkennung, weil sie die Klausur aus praktischen Gründen ablehnte. Unter Clemens XI. wurde die Kongregation 1703 schließlich doch noch approbiert.

Es sind dies nur drei Beispiele dafür, wie herausragende Frauengestalten durch klerikale Bevormundung in der Entfaltung nicht nur ihrer Persönlichkeit, sondern auch in der praktischen Umsetzung ihrer Ideale behindert wurden.

Während theologisch Interessierte (und nicht nur sie) sich bezüglich des Problemkomplexes *Frauen und Kirche* oder *Frauenquoten* weiterhin bis zum Gehtnichtmehr in den Haaren liegen und einander mit historischen, psychologischen und gendertauglichen Argumenten bekämpfen, ignorieren wir diese ganzen Debatten, setzen uns in den Wagen und fahren ins südtirolische Pustertal. Schon wenige Kilometer nach dem Taleingang zweigen wir ab nach Mühlbach/Rio di Pusteria. Weiter geht's auf einer Panoramastraße, in Serpentinen steil aufwärts auf 1414 Höhenmeter, bis wir endlich in der kleinen Ortschaft Meransen ankommen, um das dortige Kirchlein zu besichtigen.

Die Dorfbewohnerinnen von Meransen haben keinerlei Lust, über Gleichberechtigung der Geschlechter, über weibliche Benachteiligung oder über die Frauenquote zu debattieren. Statt auf die entsprechenden im fernen Rom getroffenen Parlamentsbeschlüsse verlassen sie sich lieber auf die heiligen drei Jungfrauen Aubet, Cubet und Quere, zu denen ihre Altvorderen schon vor Jahrhunderten gebetet haben, wenn Hunger, Krankheit, Unbill oder irgendwelche andere Heimsuchungen drohten.

Denn die dort verehrten heiligen drei bedeuten ihnen nicht weniger (und vermutlich sogar mehr) als alle Kirchenväter zusammen.

Und aus welchem Grund? Weil sie nach allgemeiner Überzeugung stets allen geholfen haben, die ihnen vertrauten, und weiterhin allen beistehen werden, die sie mit ihren Bitten bestürmen. In der Pfarrkirche sind sie gleich zweimal präsent, in Form von spätgotischen Holzskulpturen, wo sie vom rechten Seitenaltar aus ein wachsames Auge auf die Besuchenden haben, und im Fresko der Hauptkuppel, wo sie umgeben sind von Hilfe suchenden Menschen.

Hinsichtlich der drei Jungfrauen gilt einmal mehr, was auch für andere sagenhafte Gestalten zutrifft: Wenn die Geschichtswissenschaft in eine Sackgasse gerät, verhilft ihr die Legende zu einem Ausweg.

> Als der Hunnenkönig Attila, die Geißel Gottes, mit Feuer und Schwert in Europa wütete und schonungslos alles vernichtete, was nicht seinem Begehren huldigte, da standen auch die drei frommen Jungfrauen Aubet, Cubet und Quere in großer Gefahr.

> Doch ein guter Geist begünstigte ihre Flucht. Lange irrten sie im wüsten Lande herum, ertrugen frohen Mutes Hunger und Durst und alle Mühen der beschwerlichen Wege. Ihr einziges Streben war, ihre schönste Zier, nämlich die jungfräuliche Reinheit, zu bewahren. Endlich sanken sie erschöpft mitten auf dem Wege, der von Mühlbach nach Meransen emporsteigt, zu Boden. Die Sommerglut brannte, die Zunge lechzte und der Lebensfunke schien zu erlöschen. Doch siehe, da sprudelte plötzlich eine frische Quelle aus dem Felsen, der Kirschbaum, unter dem sie ruhten, neigte die fruchtbeladenen Äste, und kühler Schatten erfrischte die frommen Dulderinnen. [...] In Meransen fühlten sich die drei Jungfrauen sicher vor weiteren Nachstellungen. Doch ein frühzeitiger Tod krönte die Verklärten, und viele Wunder leuchteten an ihrem Grabe.[46]

Viel ist das nicht, was die Legende zu wissen vorgibt – und dieses wenige ist auch noch abgekupfert. Ähnliches wird in dem apokryphen Pseudo-Matthäusevangelium schon von der Heiligen Familie berichtet. Als die sich vor den Nachstellungen des Königs Herodes nach Ägypten flüchtet, lässt sich Maria irgendwann erschöpft unter einer Dattelpalme nieder. Aber die Früchte hängen so hoch, dass es unmöglich ist, sie herunterzuholen. Während Maria über Hunger klagt, verlangt es Josef zu trinken. „Da sprach das Jesuskind mit fröhlicher Miene: Neige, Baum, deine Äste, und erschließe unter deinen Wurzeln eine Wasserader, damit wir alle unseren Hunger und unseren Durst stillen. Und also geschah es."[47] Diese Episode hat übrigens auch in den Koran Eingang gefunden (Sure 19, Verse 22–26).

Auch an anderen Orten genossen die drei Jungfrauen (teils unter anderen, teils unter ähnlichen Namen) eine große Verehrung. In Klerant ob Brixen heißen sie Ampet, Gewer und Bruen. Im oberbayerischen Leutstetten, wo sie im Kirchlein Sankt Alto ebenfalls abgebildet sind, nennt man sie liebevoll ‚die drei Bethen': Sankt Ainpet (oder Einbeth), Sankt Gberpet und Sankt Firpet. Im südtirolischen Sankt Sigmund begrüßt eine von ihnen die Gläubigen über dem Südportal der Kirche gar mit

Meister Leonhard von Brixen, Ampet, Gewer und Bruen; um 1460. Nikolauskirche in Klerant ob Brixen.

einer Papstkrone auf dem Haupt. Die wird von unkundigen Neuheiden, die sich zufällig in eine Kirche verirren, immer wieder für die Päpstin Johanna gehalten (die nachgewiesenermaßen zu keiner Zeit den Stuhl Petri usurpierte[48]).

Wie kam es dazu, dass ausgerechnet drei Jungfrauen, die im offiziellen Heiligenkalender der Kirche nicht einmal erwähnt werden, sich an gewissen Orten einer so großen Verehrung erfreuen?

Ein erstes Indiz liefert eine diesbezügliche Legende, in der sie als „Töchter des Heidentums"[49] bezeichnet werden, die irgendwann einmal den Weg zum Christentum fanden. Allerdings ist dieser Hinweis nicht biografisch, sondern überlieferungsgeschichtlich zu verstehen. Tatsächlich steht die Kirche von Meransen auf einer vorchristlichen Kultstätte. Älteste Zeugnisse von der Verehrung der heiligen drei stammen aus dem Jahr 1382, aus einer Zeit also, als in abgelegenen Gegenden ‚heidnisches' und christliches Gedankengut koexistierten. Das nötigte den Klerus, altes Brauchtum zu bekämpfen, was aber, wenn überhaupt, nur unter Kompromissen gelingen wollte. Und ebendies scheint hier zuzutreffen.

Aller Wahrscheinlichkeit nach handelt es sich bei den drei Jungfrauen um ‚getaufte' Nachfahrinnen uralter vorchristlicher Schicksalsgöttinnen. Bei den alten Griechen hießen sie *Moiren* (Klotho, Lachesis und Atropos). Die Römer wiederum opferten den drei *Parzen*, drei Geburtsgöttinnen, die sie später mit den Moiren gleichsetzten. Die Germanen verehrten die drei *Nornen* (Urd, Skuld und Werdandi), die den Schicksalsfaden spinnen und so bei der Geburt eines Menschen über dessen Los und Lebensende bestimmen.

Dass das Christentum unfähig war, solch mythische Menschheitsvorstellungen einfach auszurotten, scheint manchen Kirchenoberen bewusst gewesen zu sein. Belegt ist, dass der Bischof von Köln (wo eine entsprechende Verehrung ebenfalls bezeugt ist) schon im Jahr 1010 versuchte, dem auf vorchristliches Brauchtum zurückgehenden Kult ein Ende zu bereiten –

auf nicht ungeschickte Weise, wie er selbst meinte. Um es kurz zu machen: Er benannte die drei ‚Heiligengöttinnen' einfach um. Künftig sollten sie *Fides, Spes* und *Caritas* heißen – zu Deutsch: *Glaube, Hoffnung* und *Liebe.* Weil aber diese drei göttlichen Tugenden nach menschlicher Konkretisierung verlangten, machte die Überlieferung aus ihnen drei römische Christinnen, die angeblich als Märtyrerinnen starben.

Wo Glaubenszeugen und Märtyrerinnen verehrt werden, finden sich häufig entsprechende Reliquien. Die Frage, woher diese jeweils stammen, wollen wir uns lieber verkneifen. Warum also sollten wir uns darüber wundern, dass bereits im 11. Jahrhundert auch in der Gegend von Brixen Überreste von drei heiligen Jungfrauen zirkulierten? Und dass Bilder von ihnen plötzlich auch in anderen Gegenden Südtirols, wo Sankt Aubet, Sankt Cubet und Sankt Quere seit jeher verehrt wurden, das Kircheninnere schmücken?

Offensichtlich handelte es sich um den Versuch, die vom Klerus des Heidentums verdächtigten heiligen drei als Christinnen zu verkleiden, weil die Bevölkerung sich nicht überzeugen ließ, auf den fragwürdigen Kult zu verzichten. Als der Brixener Bischof 1653 den Gläubigen von Meransen befahl, die drei Jungfrauen in *Fides, Spes* und *Caritas* umzubenennen, erntete er nur Protest – und musste klein beigeben. Dort ist die Verehrung der drei Jungfrauen bis heute nicht wegzudenken. Ihr Festtag fällt jeweils auf den 16. September. Am darauffolgenden Sonntag findet eine feierliche Prozession statt. Fast alle Mitschreitenden würden vermutlich eher die Exkommunikation in Kauf nehmen, als sich von einem Bischof in dieser Sache dreinreden zu lassen.

Dank

Bedanken möchte ich mich bei Imelda Casutt, die nicht nur die nötige Literatur besorgt, sondern auch das Manuskript auf Fehler und Unebenheiten überprüft und die Druckfahnen gelesen hat. Darüber hinaus gilt mein Dank Willibald Butz, der das Manuskript lektorierte, sowie Fritz Pustet, dem Leiter des Verlags Friedrich Pustet.

Bildnachweis

S. 23: stock.adobe.com (tauav)
S. 33, 94, 105, 160: Foto: I. Casutt, © J. Imbach
S. 36: stock.adobe.com (crisfotolux)
S. 92, 98, 127: Wikimedia Commons (https://upload.wikimedia.org)

Hinweise und Anmerkungen

Sämtlichen Bibelzitaten liegt die deutsche Einheitsübersetzung von 2016 zugrunde. Informationen zu den einzelnen Heiligen finden sich im Ökumenischen Heiligenlexikon: https://www.heiligenlexikon.de/

1 M. Bertagna, Frati Minori simpliciter dicti, in: G. Pelliccia/G. Rocca, Dizionario degli Istituti di perfezione, Bd. 4, Roma 1977, 909 (dort noch eine Reihe ähnlicher Beispiele). Zu Julián de San Agustín vgl. B. Mazzara, Leggendario Francescano, Bd. 4, Venezia 1721, 137–139; L. da Clary/G. C. Guzzo, Aureola Serafica, Bd. 2, Venezia 1951, 501–514.

2 Ignatius von Loyola, Der Bericht eines Pilgers, Freiburg i. Br. [3]1977, 55; die beiden folgenden Zitate: 63 f.

3 Joannes Chrysostomos, Adversus Judæos orationes, in: Patrologia græca, Bd. 48, 839–942; bes. die 1. und 6. Predigt.

4 Hieronymus, Epistula 107, in: Patrologia latina, Bd. 22, 867–878.

5 Sulpicius Severus, Vita Martini, zitiert nach A. Angenendt, Heilige und Reliquien. Die Geschichte ihres Kults vom frühen Christentum bis zur Gegenwart, München 1994, 140.

6 R. Seitz, San Cucino hat geholfen. Gerichte und Geschichten eines Küchenheiligen, Freiburg i. Br. 2003. Mit ergreifenden Gebeten, nützlichen Andachten und einer meist wirksamen Litanei.

7 Jacobus de Voragine, Die Legenda aurea, Gerlingen [11]1993, 26–34.

8 Vergil, Æneis, Vers 465.

9 Dazu ausführlich: R. Mensing, Nikolaus von Myra, Düsseldorf 2007, 38–40.

10 Alfonso von Liguori, Die wahre Braut Christi, Bd. 1, Augsburg 1764, 396 (8. Hauptstück, 2. Abschnitt, Nr. 16).

11 Zum Folgenden vgl. U. Steffen, Die Jona-Geschichte. Ihre Auslegung und Darstellung im Judentum, Christentum und Islam, Neukirchen-Vluyn 1994, 12–22.

12 Vgl. A. Goldberg, Jona in der jüdischen Schriftauslegung, in: Bibel und Kirche 17 (1962) 17.

13 E. Wiesel, Jona oder die Chance des Menschen, in: ders., Von Gott gepackt. Prophetische Gestalten, Freiburg/Basel/Wien [3]1983, 137–139.

14 Vgl. U. Struppe, Die Bücher Obadja, Jona (Neuer Stuttgarter Kommentar Altes Testament 24/1), Stuttgart 1996, 131.

15 Vgl. R. Wind, Maria – aus Nazareth, aus Bethanien, aus Magdala. Drei Frauengeschichten, Gütersloh 1996, 77.

16 Gregor der Große, Homilia XXXIII (Predigt zu Lukas 7), in: Patrologia latina, Bd. 76, 1239; zit. nach Wind, 78 f.

17 Gregor der Große, Epistolarum liber VII: Epistola XXV (Brief an Georgia), in: Patrologia latina, Bd. 77, 878.

18 F. Maisch, Maria Magdalena zwischen Verachtung und Verehrung. Das Bild einer Frau im Spiegel der Jahrhunderte, Freiburg/Basel/Wien 1996, 53.

19 Jacobus de Voragine, Die Legenda aurea. Aus dem Lateinischen übersetzt von R. Benz, Gerlingen [12]1997, 470–482. Dort auch die folgenden Zitate.

20 Odo von Cluny, Sermones quinque: Sermo II (Zum Festtag der heiligen Maria Magdalena), in: Patrologia latina, Bd. 133, 714.

21 EvMar. (Apokryphes *Evangelium nach Maria*, entstanden um 160 n. Chr.), 10. Abschnitt.

22 W. Schneemelcher (Hg.), Neutestamentliche Apokryphen in deutscher Übersetzung, Bd. 1, Tübingen [6]1990 (Spruch 55).

23 Zum Einfluss von Philostratos' *Lebensbeschreibung des Apollonios* auf die Magdalenalegende vgl. V. Saxer, Maria Maddalena, in: Bibliotheca Sanctorum, Bd. 8, Roma 1967, 1078–1104, hier 1097.

24 Einen guten Überblick bietet J.-M. Sauget, Maria Egiziaca, in: Bibliotheca Sanctorum, Bd. 8, Roma 1967, 981–991.

25 Jacobus de Voragine, Legenda aurea, 287 f. (Von Sanct Maria Ægyptiaca).

26 Ebd., 289.

27 Ebd., 479.

28 Vgl. Josephus Flavius, Der jüdische Krieg II, § 606.

29 Petrus Abælardus, Sermo XIII (Osterpredigt), in: Patrologia latina, Bd. 178, 485.

30 Ammianus Marcellinus, Römische Geschichte. Übersetzt von L. Troß und C. Büchele, Stuttgart 1853, 690 (27. Buch). Dort auch die folgenden Zitate.

31 Therese vom Kinde Jesus, Selbstbiographische Schriften. Authentischer Text, Einsiedeln [12]1991, 198.

32 Augustinus, In epistulam Ioannis ad Parthos VII, 8.

33 Mehr dazu in diesem Buch im Kapitel *Verweigerter Kinderwunsch*.

34 L. Casutt, Der Weg zur Größe. Eine Studie über den hl. Fidelis von Sigmaringen, in: Fidelis 33 (1946) 232–264, hier 242.

35 Vinea electa (Heiligsprechungsbulle vom 29. Juni 1746), in: Benedicti XIV. Bullarium, vol. 2, Prati 1846, 71–79. Deutsche Übersetzung zitiert nach A. Rotzetter, Treue zu Jesus Christus und Verteidigung des Glaubens. Zum 250. Jahr der Heiligsprechung des Kapuziners Fidelis von Sigmaringen, in: Helvetia Franciscana 25 (1996) 60–79. In diesem hervorragenden

Beitrag zur Wertung der Haltung des heiligen Fidelis geht Rotzetter ausführlich auf die damaligen Zeithintergründe ein.

36 Fidelis von Sigmaringen, Exercitia seraphicæ devotionis, Romæ 1756.

37 Im Folgenden stütze ich mich auf die Analyse Rotzetters in seinem bereits erwähnten Beitrag.

38 Casutt, 262. Zu den Bündnerwirren vgl. die Bibliografie von O. Schmucki in: Helvetia Franciscana 22 (1993) 119.

39 Rotzetter, 72.

40 Die folgenden Zitate ebd., 70 f.

41 Tatsächlich hatte das Konzil von Trient am 4. Februar 1546 nur das Glaubensbekenntnis bekräftigt, welches das Konzil von Konstantinopel im Jahre 381 als für die ganze Kirche verbindlich formulierte (vgl. H. Denzinger, Kompendium der Glaubensbekenntnisse und kirchlichen Lehrentscheidungen. Verbessert, erweitert, ins Deutsche übertragen und unter Mitarbeit von Helmut Hoping herausgegeben von Peter Hünermann, Freiburg/Basel/Rom/Wien [34]1991, Nrn. 1500 und 150). In diesem Glaubensbekenntnis sind keine Exkommunikations- oder Eidesformeln enthalten, wie Anna Zoller irrtümlicherweise vorauszusetzen scheint.

42 Lebensbeschreibung des hl. Fidelis von Sigmaringen (1623). Edition der lateinischen Texte *Vita I* und *Vita II* mit Einleitung und kritischem Kommentar von O. Schmucki. Deutsche Übersetzung von H. Betschart, in: Helvetia Franciscana, Beiheft 2, 1993; vgl. auch: Helvetia Franciscana 22 (1993) 105.

43 Ch. Schweizer, Der Tod des Kapuziners Fidelis von Sigmaringen: unverdaut und unvergessen, in: Helvetia Franciscana 22 (1993) 120–135, hier 128.

44 M. Frisch, Tagebuch 1966–1971, Frankfurt am Main 1971, 167.

45 Vgl. H. U. Rudolf, Vom Zweifler zum Heiligen. Josef in Geburt-Christi-Darstellungen mittelalterlicher Handschriften und Altartafeln, in: H.-O. Mühleisen/H. Pörnbacher/K. Pörnbacher (Hg.), Der heilige Josef. Theologie – Kunst – Frömmigkeit, Lindenberg im Allgäu 2008, 77–86.

46 J. J. Staffler, Das deutsche Tirol und Vorarlberg, topographisch mit geschichtlichen Bemerkungen, Bd. 2, Innsbruck 1847, 156. – Die ‚Jungfrauenrast' gibt es noch heute; sie befindet sich aber, bedingt durch den Straßenbau, nicht mehr am ursprünglichen Ort. Späteren Legenden zufolge sollen sich die drei von Meransen nach Köln begeben haben und dort gestorben sein.

47 Pseudo-Matthäusevangelium 20, in: A. Schindler, Apokryphen zum Alten und Neuen Testament, Zürich 2007, 467 (gekürzt).

48 Dazu ausführlich J. Imbach, Rom. Wenn Bilder sprechen und Steine reden, Fribourg 2010, 11–19.

49 E. Kutter, Heilige Weibsbilder. Gelehrt – eigenwillig – streitbar, Bozen 2014, 18.

Namenregister